使人站起來的不是雙腳，而是信念。
如果一個人有足夠的信念，
他就能轉動整個世界！

說出你的信念，你就能轉動整個世界！

信念的力量

于珊　著

前言

日本知名作家遠藤周作曾以《沉默》一書，獲得一九六六年谷崎潤一郎獎（這部小說是基於部分史實，描述十七世紀時，被派到日本傳教的傳教士在「島原之亂」後，受迫害轉入地下活動的悲慘遭遇故事），此書還被許多名家評論為「二十世紀最好的小說之一」也改編成電影，成就非凡。

在文學創作生涯成績卓越的遠藤周作曾說：「每個人在一生中，一定會有一次面臨決定自己命運和人生的時刻，只要能度過那一剎那，未來就會完全改觀。」

有一次，他向一群大學生說了一個故事——

從前，有一個青年常為失眠而煩惱萬分。

有天晚上，他上床後輾轉不眠，因為他債台高築，早已過了支付期限，按目前的經濟狀況，他根本無力還債。沉悶了半夜，他忽然向自己發出一個提問：「許多人能輕鬆自如地還債，為何我不能？這到底是為什麼？」

這一提問，完全改變他的人生思路，把他引向了希望的、輝煌的人生。

後半夜，他開始剖析自己，並得出一個結論：他和所有的人一樣在生活著。在漫長的黑夜中，他把自己和境遇好的人做了比較，結果發現，他所欠缺的，別人也同樣欠缺。唯獨一個例外，就是——缺少「我可以做到」的信念。

雲層開始染上金黃色的旭光時，人生的金黃色祕訣已經開始滲透在他的心靈裡。平時失眠後的每天早晨，起床時他總是懶洋洋地，一副疲憊不堪的模樣，這一天他一反常態，用孩子般喜悅的心情從床上躍起，完全判若兩人。

從此，在他的身上發生了奇蹟。一年後，他有了一個好的工作，有了可觀的收入，五年後，他住進了完全按自己所設計的新房子。他今非昔比了。

所以說，人在困頓的時候，如果給自己一個「我可以做到」的信念，便一定會將人生的負數轉為正數，而有所成就。只有自己激勵自己才能改變自己。自己才是掌握自己人生的主人，也只有自己才能徹底改變自己的一生。

在人生的勵志行列中，不管是宗教思想家或是心理學者，他們反覆強調的是，潛意識有很不可思議的力量，信念能發揮無比的魔力……在在都證明：我們的內心擁有相當強大的力量，能幫助人類克服各種挫折、度過任何難關，而平安泅泳向人生大海洋的彼岸。

成功的人都有正確的人生羅盤（哲學、思想、信仰、信念等），並根據羅盤的指示，選擇正確的方向，然後朝著那個方向勇往直前、奮力前進；失敗的人沒有人生羅盤，只是沒頭沒腦、魯莽地往錯誤的方向猛衝過去。在這種情況之下，當然會產生幸運和不幸的差別，要是沒有產生這種差別的話，反而是一件怪事。

如果您能仔細想想，人的行為哪怕是一件多麼微不足道的小事，還不是都由人的意志在指揮。所以說，不管你現在是站在——有所成就的一方：順風順水；或是淌在徬徨的漩渦：一籌莫展……都必須對「人的信念」有重新認識的必要，因為人都是依據他自己的信念來完成、來建構他一生的偉業！

如果說本書能帶給您感同身受，激發您產生一些迎向明天的力量，那就是編者的榮幸了！那麼，咱們就一起以清新爽朗的心境，來迎接充滿希望的明日吧！

第三部　獲得巨大財富的法則

第四部　運用這種方法喚來成功！

第五部　使命運好轉的「成功法則」

首部曲

信念是怎麼形成的？

I．潛意識的力量就是信念

以下是墨菲．約瑟夫在《潛意識力量》一書中，關於潛意識治病的印證事例：

幾年前，在丹佛舉辦的一個「你的潛意識力量」的暑期研討會上，我遇到一位女士，她對我說：「是不是只要在心裡想著某種願望，我就能得到任何我想要的東西了。」我向她解釋說，你惟一不能擁有的東西是不勞而獲。你不能不勞而獲，你必須付出代價。

這位女士的皮膚出了點狀況，有點小毛病。她一直祈禱皮膚痊癒，但是祈禱了十年，毫無結果。她用了各種各樣的止血劑、洗液，還有其他的外用藥，也沒有感到症狀有什麼緩解。她從來沒有付出任何代價，因為治癒的代價是對無限治癒的上帝的存在抱有堅定信心，治療是根據你的信心、信念來回應你的。

例如，如果你對化學有信心，難道你不需要學習化學作用中的吸引、排斥等這類的法則嗎？當然，你必須要學習。學習這些法則之後，你就會合成奇妙的化合物，在各方面造福人類。你關注了偉大的化學原則——不管是昨天、今天還是將來都是相同的，你對化學的信心就會因此而增長。

所以，信心就是對惟一創造性力量的關心、熱心和誠心。一旦你知道思想就是事物，你感受到什麼就會吸引什麼，你想像什麼就會成為什麼，那麼你就會因此而獲得信心。你知道，對於任何想法，只要你對其施加感情或感受到它是真實的，那麼這種想法就會沉澱在你的潛意識中，會作為形式、功能、經歷和事件而體現出來，你也會因此而獲得信心。如此一來，你就會對你自己頭腦的創造性法則有信心。你會相信，無限智慧會對你的思想作出回應。當你呼喚，便回應你。你要對它抱有無限的信心和堅定的信念。

例如，人們在叢林裡迷路了，他們對這點深信不疑：一定會有人來引領他們，並指導他們走出叢林。他們沒有指南針，沒有六分儀，沒有根據星星判斷位置的知識，不知道北極星在哪裡？總而言之，什麼都不知道。但是有些人卻會坐下來說：「主就是我的引導者。我不想別的什麼，我只想上帝，上帝會引領我找到我的隊伍的，上帝會引領我回到安全的地方。

現在，上帝就在指引我。」他們呼喚至高無上的智慧，並遵循內心產生的指引（那種感覺）前行。他們被引領至流淌著活水的河邊，只需沿著河走，便能得救了。

這就是指導性原則。他們付出了代價，不是嗎？記住，認可上帝，關注上帝，呼喚上帝。因為如果你不呼喚上帝，你不認可上帝，那就如同上帝不存在一樣。不通過你的內心，無限智慧就不會為你做什麼。那位婦女必須付出的代價是認可無限上帝的力量，接受上帝治癒力量的存在，相信上帝正在為她治療。但是，她卻一直把力量施加給外部，說：「我的皮膚對太陽過敏，我對冷空氣過敏。我認為我胳膊上長滿了濕疹是遺傳的原因。我媽媽也是這樣，是我的基因和染色體出了毛病。」她的心思分散了。她有兩個心思，她從來沒有付出代價，這個代價就是關心無限治癒存在的上帝和她自己的潛意識法則。相信潛意識法則，相信上帝的治癒存在，上帝就會做出回應，治癒她。

於是，她開始做如下祈禱：

> 創造我身體並擁有無限治癒能力的上帝知曉我身體的所有運作過程和各種功能。我知道，我也確切地感受到並絕對堅信——上帝的無限寬廣和光榮在我的身心中無比清晰

地顯示出來。無限上帝的完整、活力和生命力流經我的全身。我存在的每一個原子都接受無限治癒的上帝的改造。我完全地、毫無條件地原諒每一個人，我向我的所有親戚，包括姻親，傾注我的生命、我的愛以及一切真理和美。我知道，我原諒了每一個人，因為我能在心裡遇到他們，不計任何前嫌和過節。我對正在發生的治療充滿感激。我知道，當我呼喚時，就會有應答……

她每天都重複這些祈禱，不慌不忙地、安靜地、虔誠地祈禱著。

在我離開丹佛之前，那位患皮膚病的婦女告訴我，她的身上發生了一個奇異的變化，一個向好的方向發展的變化——從心理上、身體上，展現在她面前的是徹底的治癒。通過學習，她付出了代價，為意識準備好了接受治癒的禮物。而在此之前，她心裡的指向存在著分歧。當時，她將力量施加給飲食、氣候、遺傳以及其他因素。

她開始明白，科學的思考者不會將現象世界或任何外部事物看作原因。所有的原因都是內心的精神——無所不在的上帝。上帝是第一原因，是全能的、至高無上的、無所不能的。沒有任何力量能與上帝抗衡，不能挑戰上帝、阻礙上帝、損害上帝。你假定另外一個力量存在的時刻，就是你與內心的上帝產生意見分歧的時刻，你的潛意識不會對你分散混亂的意識做出反應。比如，如果你在電梯裡開始上上下下地按按鈕，那麼你既不會上也不會下，而是停在原地不動。

因此，我們說——信念是前進的動力，同時信念也是完成使命的武器！

2・零極限的正能量

常言道：「心急吃不了熱豆腐」，指的是太急著要吃熱豆腐，反而會燙傷了嘴。它寓意說我們做事情別太急躁或魯莽，否則反而會看不清楚事物的真相而導致失敗。因此這句俚語，等於為我們指出了一種正確地生活態度。

同樣一個人的頭腦，並不會一下子變聰明、一下子變笨，只是人在心急的情況下，雙眼往往會被矇蔽住，而對事物做出反常的錯誤判斷，其實「事緩則圓、人緩則安」——只要你把心情放鬆下來，內心的靈性就又會跑出來了！

一位夏威夷治療師不必見到病人，僅僅使用「我愛你、對不起、請原諒、謝謝你」——四句話就神奇的解決了所有問題，神奇的治癒近百個精神病罪犯！

這位神奇的治療師就是「宇宙的自由．大我基金會」榮譽主席——伊賀列卡拉．修．藍博士（Ihaleakala Hew Len, PhD.），他教授解決問題和釋放壓力的課程長達四十年，並曾在夏威夷州立醫院擔任了三年的臨床諮詢心理學家，與超過上千人一同工作過，包括聯合國的許多團體、聯合國教科文組織、國際人類合一會議、世界和平會議、傳統印度醫學高峰會、歐洲和平療癒者，以及夏威夷州立教師協會。

這是一種神奇的夏威夷古老心法——「荷歐波諾波諾」大我意識法。它的發現轟動了全世界，為無數人創造了健康、平靜和富足的生活，並得到淨空法師、畢淑敏、張德芬、伊能靜等多位名人推薦。

「零極限」提倡釋放內心有害能量，讓個人通過感恩與懺悔將負面能量，轉化為接收靈感的能量，通過恢復個體內在平衡，再恢復宇宙萬物平衡。

「零極限的本質是自由，從往事中走出來的全然自由。」

「宇宙起始於對鏡無物。」

零極限即零狀態，也就是什麼都不存在、但一切皆有可能的狀態。在零狀態裡，沒有思想、言語、行為、記憶、模式、信仰，沒有任何東西，只是空無。

生病和痛苦是身體與心靈的吶喊，它要求我們要對生命全然負責，改變和轉化我們的生活方式、思想、意識和情緒，需要我們更多地了解自己，傾聽自己。

對生命、生活充滿覺知，時刻讓自己的念頭關注在零極限的四句話上，一念即萬念！你隨時可以意識到「不太對」的狀態，這有可能是由某種思想、某個人、某件事等所引發，這就是刺激物。

在《零極限》之前，你會把這個問題歸於外在；在《零極限》之後，你會意識到它原來是個自己的內在意識問題。你的情緒、感受都是由你的內在升起，你的內在對外界刺激產生的想法除了「問題」，我是那個感知到問題的人，我是那個必須做清理的人。

而清理的方式很簡單，只需要說「我愛你，對不起，請原諒，謝謝你」。

你說這四句話的順序可以隨意。可以一邊感受著問題，感知著問題，一邊不停地在心裡說這四句話。而說話的對象則是神性，我是向著神性說這四句話。

建議您每天具體的一些做法——

1．清理業力 連接「潛意識」，協助清理業力。

對不起↓明白過去曾經傷害對方，自己必須負起一份責任

請原諒↓請對方寬恕，並釋放所扣留的金剛微粒，讓自己更完整

我愛你↓同一體（愛超越因果）

謝謝你↓感恩（明白關係的意義與價值，感謝對方的原諒）

如果有任何該清除的東西，這四句話會讓你知道是什麼，可能會忽然想起曾經做錯的事，或是某個人事物，或是在夢境中獲得訊息，知道是什麼之後，繼續念這四句，就可以清理業障了。

2・清理磁場　隨時默念四句，走到哪裡就可以一路清理磁場到哪裡，可以幫助清理地球上面不好的磁場。

3・淨化身體　身體有任何部位不舒服時，專心對著那部位念四句，可以很快的減輕或消除不舒服的症狀。

4・淨化情緒　有負面情緒時，例如：不安、不平、不滿、恐懼、憤怒、沮喪、嫉妒時，念四句真言可以清理你的負面情緒，讓心情轉為平靜，然後，冷靜觀察並面對負面情緒的起因。

5．淨化思想　有負面思想時，例如：懷疑別人、覺得別人是惡意的，擔心孩子身體不健康⋯念四句可以清理負面思想，讓頭腦安靜，思維轉為清晰。

6．調整能量　對身體的七個脈輪念這四句話，可以感覺到脈輪會自動調整能量，當能量輪陰陽平衡，運轉得當時，才能體驗同一體。

清理、清理、清理——

歸零、歸零、歸零——

在清理的時候，就是取回你自己力量的時候了。

所有清理都是要讓我們回歸佛祖所說的空性，耶穌所講的純潔，量子物理學所提的零，以及禪宗大師所說的無。一切皆從空無中產生，神性的愛自此流入，以提供靈魂完美的人際關係、完美的財富、完美的健康、完美的創意、和完美的環境。

3・夢想成真——是因為我相信

首先，我們先看看下面這件事——

在倒塌的廢墟中，重新站立起來的就是嶄新的大樓。這件事在一般人的眼中，好像是理所當然，可它隱藏的哲理，卻是含意十分深遠……

英國史學家卡萊爾費盡心血，經過多年的努力，總算完成法國大革命史的全部文稿，他將這本巨著的原件送給他的朋友米爾閱讀，請米爾批評指教。

隔了幾天，米爾臉色蒼白、渾身發抖跑來，他向卡萊爾報告一個悲慘的消息。原來法國大革命史的原稿，除了少數幾張散頁外，已經全被他家裡的女傭當作廢紙，丟入火爐化為灰燼了。

卡萊爾非常失望，因為他嘔心瀝血所撰寫的這部法國大革命史，當初他每寫完一章，隨手就把原來的筆記撕得粉碎，沒有留下來任何紀錄。

第二天，卡萊爾重振精神，又買了一大疊稿紙。他後來說：「這一切就像我把筆記簿交給小學老師批改時，老師對我說：『不行！孩子，你一定要寫得更好些！』」

我們現在讀到的法國革命史，就是湯瑪斯．卡萊爾重新寫過的經典之作！這是他秉持著一股無比堅強的信念而走過的一段心路歷程，留給後世不朽的傑作——法國大革命史！

人之所以能，是因為我們相信能。

究意信念來自何方？為什麼有人擁有推向成功的信念，而其他人擁有導致失敗的信念，如果我們打算效仿那些導致成功的信念，就得先找出它的來源，首先要從環境找起。

孕育成功的良性循環與孕育失敗的惡性循環，皆源自於環境。監禁生活最可怕的不是每日的挫折和剝奪，而是這種環境會孕育失敗的信念和使幻想毀滅。

如果你看到的全是失敗、全是絕望，要想在內心追求成功的信念，實在是難如登天。模仿是一件人生一直在做的事。如果你生長在一個富裕且成功的環境，你很容易去模仿富裕和成功；如果你生長在貧窮和絕望，你大半的模仿可能是貧窮和絕望。愛因斯坦就曾說過：「很少有人能夠不因社會環境的偏差而表達出公正的意見，然而絕大多數的人連公正的想法都沒有。」

芝加哥大學的布魯姆博士曾研究一百位傑出且年輕的運動員、音樂家和學生，他十分驚訝地發現，這些年輕奇葩，大部分都不是自幼即表現頭角崢嶸，而是在細心的照顧、指引和幫助下，得以發展才華，這都得歸功於他們成名前，即已擁有「我必出人頭地」的信念。

由此看來，環境是一個產生信念的十分重要的因素。幸好，它不是唯一的，如果是的話，我們的世界就是個靜止的世界，富家子弟永遠只認得錢財，而貧家子弟就永無出頭之日了。但是，值得慶幸的是，還有其它的方法，可以孕育信念。

在每個人的生命裡，必然發生一些永難磨滅的事件，九一一事件那天，你在做什麼？如果當時你已經懂事了，你一定記得這件事，對許多人而言，那天的景象大大地改變了他們的世界觀。同樣地，另有許多經驗使我們永遠難以忘懷。它們會影響我們的信念，改變我們的人生——安東尼·羅賓的信念就來於此。

安東尼·羅賓在13歲那年，立志要當一名體育記者。有一天，他從報紙中得知胡華·柯賽爾要在當地的百貨公司為他旳新書簽名，當時他想「如果我打算成為一名體育記者，就得開始訪問專家，為何不就先從頂尖的人物開始呢？」主意拿定後，他就借了一台錄音機，並由母親開車將他送到現場。

到達時，柯賽爾先生正起身準備離去，安東尼·羅賓慌了，當時在柯賽爾周圍群集了許多記者，爭相發問他最後一個問題。羅賓鑽進人縫中，擠到柯賽爾先生面前，用連珠炮的速度表明來意，並問他能否接受自己簡單的錄音訪問，結果在眾目之下，柯賽爾接受了他的個人訪問，這個經驗改變了安東尼·羅賓的看法，相信凡事皆有可能，沒有人不能接近，只要敢開口便能得到，這次不尋常的經驗一直鼓勵著羅賓，使他後來為一家日報撰文，繼而在傳播界發展下去。

要相信自己行，最有效的方法就是實際去做一次（只會光靠嘴巴說「行」是毫無意義的），如果你那次成功，就很容易建立會再成功的信念。

這是安東尼·羅賓的經驗之談，為了配合出書進度，安東尼·羅賓得在不到一個月的時間內，完成《激發心靈潛力》的初稿。當時他不敢確定是不是辦得到，但後來在一天內，完成一章的內容，才確信截稿前完成那本書是做得到的。由此，他總結道：「一旦你成功了一次，你就知道你一定可以再辦到。」

記者從及時交稿中，也可學到信心。在他們的工作上，很少有別的事情，要比在截稿前一小時內寫出一篇完整的故事那樣，令他們畏懼不前。這種事對那些新手來說，是工作上最可怕的事了。但當他們成功過一兩次，就知道以後也可能成功，他們不會因為是老手，就做得更俐落、更快，不過一旦有這種成功經驗後，他們就發現能永遠在限定時間內辦到，同理也適用在演員、生意人以及其他各種人。相信能辦得到，就像是自我實現的預言家一樣，幫助你成功。

不管你目前從事什麼行業，不論你希望做多少業績，你都得打電話、接洽客戶，如果你今天把目標訂為十萬元，而不是一萬元，出門時一定會更興奮、更賣力，這時你的心態會鼓舞你發揮出比求餬口更高的潛能來。

很明顯的，金錢不會是激勵你的唯一途徑，不管你的目標如何，如果你在內心裡對你所追求的，有個很清晰的輪廓——信念。並且相信已經擁有了，那麼你就會進入能幫助你實現願望的狀態了。

銀行家傑．庫克51歲時，財富高達數百萬美元。到了52歲，他損失了所有的財富而且背上一大堆債務。但是，他決定東山再起。不久，他又積累了巨額財富。待他還清了最後三百個債務人的欠款，就實現了那偉大的承諾。

有一次，一位客人問他，他的第二筆財富是怎樣積累起來的。

庫克先生回答：「很簡單，因為我從來沒改變從父母身上繼承下來的天性。從我早期謀生開始，我就以充滿希望的一面看待萬事萬物，從來不在陰影的籠罩下生活。我總是極力讓自己相信，實際的情況比一般人設想和尖刻批評的情況好得多。我相信，我們的社會到處都是財富，只要去工作，就一定可以發現財富、獲得財富。這就是我成功的祕密。記住：必須擁有一種不滅的信念，讓自己時時看到事物陽光燦爛的一面！」

4・信念的力量

信念（belief），信念是個人判斷和選擇事物真偽的思想意識，信念的正確與否取決於個人的見識。與反映個人能力的信心（confidence）不同，信念反應了個人見識的「思想意識」，而信心反應了個人能力的「心理狀態」，信心的有無取決於自己或別人的能力，信心就是來自信念。

據說，拿破崙一上戰場，士兵的力量可增加一倍。軍隊的戰鬥力，大半寓於士兵對將帥的信仰之中。將帥顯露出疑懼、張惶，全軍必然陷入混亂、動搖；將帥表現出的信念，則可以強化他部下健兒的勇氣。

人身各部分的精能力像軍隊一樣，也應該信賴其主帥的——信念。有堅強的意志、自信，就能使平庸的男女也成就神奇的事業，成就那些雖然天分高、能力強，但多疑慮與膽小的人所不敢染指的事業。

你成就的大小，通常不會超出你信念的大小。拿破崙的軍隊絕不可能爬過阿爾卑斯山，假使拿破崙自己以為此事太難。同樣，你在一生中，絕不能成就重大的事業，假使你對自己的能力存著重大的懷疑。

不熱烈而堅定地希望成功、期待成功，卻能取得成功，天下絕無此理。成功的先決條件，就是要先擁有信念。

在這世界上，有許多人，他們以為別人所擁有的種種幸福並不屬於他們，以為他們必定無法得到，以為他們絕不能與那些鴻運高照的人相提並論。他們不明白，這樣缺乏自信，會大大削弱他們的生命力。

「假使他認為他能夠，他就能夠；他認為他不能夠，他就不能夠。」

當然，這種信念要建立在客觀規律的基礎上，胡思亂想是行不通的。

信念是比金錢、勢力、家世、親友更有用的條件。它是人生可靠的資本，能使人努力克服困難，排除障礙，去爭取勝利。對於事業的成功，它比什麼都更有效。

假使我們去研究、分析一些有所成就的人的奮鬥史，我們可以看到，他們起步時，一定先具備一種充分信任自身能力的堅強信念。他們的意志堅定到任何困難艱險都不足以使他們懷疑、恐懼的程度。

我們應該覺悟到「天生我材必有用」，覺悟到造物主育我，必有偉大的目的或意志寄於我的生命中。萬一我不能充分表現我的生命，使我的生命臻於至善的境地、至高的程度，對世界必是一個損失。

這種勇往直前的信念，一定可以使我們產生偉大的力量和勇氣。成功的人，通常內心都擁有強大的信念，他們對於自己未來一定會成功這件事深信不疑。成功的信念在人腦中的作用就如鬧鐘，會在你需要時將你喚醒。羅曼・羅蘭曾說：「『成功』的最大敵人，就是缺乏自己一定會成功的堅強信念。」一個人只要擁有強大的信念，就能達成很多別人認為做不到的事情。

拿破崙・希爾曾說：「如果你都不相信自己，就別要求別人會相信你。」所有獲得成功的人都是從自己身上深切地感受到，只有信念才能左右自己的命運，因為他們只相信自己的信念。名建築師貝聿銘曾說：「做事情最重要的是維持十足的信心，必須相信自己，把各種非議和懷疑拋諸腦後。」

Mother house社長山口繪理子曾說：「我經常爬上屋頂，仰望天空痛快哭泣，然後告訴自己：『你唯一的路，就是相信自己，繼續做下去！』」

人生最重要的是找到你可以做一輩子的事情，而且越快找到越好，在你越年輕的時候找到你可以做一輩子的事情，就可以更快地讓自己的人生步上軌道，而不是還停留在尋尋覓覓、為了三餐而工作的人生。

如果你找到了你人生當中想做的一件事，但是你在這方面的經驗很少，別在乎是否要從頭開始，即使你必須放下原本的專業，從新的領域從頭開始，你也必須要有踏出的勇氣，因為這是你可以做一輩子的事情，相信你自己所走得路就對了。

山口繪理子認為：「即使一無所有也要堅持下去，努力終究會有回報。」如果你相信自己所走得路是對的，那麼就堅持走到底吧。

還沒放棄就沒有所謂的失敗，當你放棄了那才是真的失敗，一個人遭遇了失敗，並不代表真得失敗了，只有當你放棄了，那才叫真得失敗了。名主持人歐普拉曾說：「人生沒有所謂的失敗，失敗只是人生企圖讓我們換個方向。」

在人的一生當中，會遇到各種困難與挫折，但是如果你很想成功，就必須懂得和這些困難和挫折共處，因為它們是邁向成功大道的必經之路。

成功沒有奇蹟，只有累積——只有經過許多的困難與挫折的成功，才是扎扎實實的。挫折其實就是邁向成功所應繳的學費，如果你選擇不放棄，那麼你就不算是個失敗者，只是個暫時還沒入列的成功者。

在每個人身上，都有一種重要的心理「營養素」——「堅強的信念！」只不過有些人的信念沒有被開發出來，或者說被屢次失敗擊潰了。但是有志者會堅信自己能夠成功，堅強的信念會給他們強大的動力。堅信定律認為，當你對某件事情抱著百分之一萬的相信態度時，那件事最後就變成了事實。這也是有志者事竟成的另一種表達。

一個人不怕不成功，就怕不相信自己能成功，只要堅信，一切皆有可能。正如《聖經》

上所說：「堅定不移的信心能夠移山。」而在實際生活中，有這種信心的人並不多，能夠移山的人更少。在人的內心中，光有希望是不夠的，必須把希望和信心結合起來。誰都希望登上高層，享受成功果實，但如果不具備信心，就永遠無法達到成功。

如果每個人都能高呼：「我是最棒的，我一定會成功！」那麼他就一定會成功。一個人一旦對某件事情有強烈的欲望，就一定能找到方法，在很多時候，失敗者不是因為能力不夠，而是因為他不相信自己的能力，一遇到困難，就會選擇放棄。

相信自己，堅定自己的信念，每個人都會發現，那個叫「成功」的終點站，已離自己越來越近了，勝利的太陽就在你不斷邁進的雙腳之間升起。

每個人一天都只有二十四小時，把握自己的時間，生命就是時間，把握時間，就是掌握生命。《真善美》的著名女明星茱莉安德魯絲曾說：「認真工作，努力學習，讓自己做好準備，機會來臨時，你就有能力抓住它。」

信念擁有強大的力量，強大的信念是當你遇到挫折時、當你遭遇失敗時、當你碰到困難時，仍然能夠支撐你挺過去的力量來源。培養自己強大的信念可以幫助你挺過一切難關，憑著這股信念，能讓你朝著自己理想中的目標前進，以期到達成功的彼岸！

在你最窮困的時候，「信念」是唯一不必看任何人的臉色就能獲得的東西。

亞歷山大大帝出發遠征波斯之前，他將所有的財產分給了臣下。

大臣之一的皮爾底加斯非常驚奇，問道：「那麼陛下，您帶什麼起程呢？」

「信念——我只帶這一財寶。」亞歷山大回答說。

聽到這個回答，皮爾底加斯說：「那麼請讓我們也來分享它吧。」

於是，他謝絕了分配給他的財產。

亞歷山大帶著唯一的「信念」出發，卻帶回來了所要征服的一切。

5・信念是啟動成功之門的鑰匙

信念之所以寶貴，只因為它是現實的——信念只有在積極的行動之中才能夠存在，才能夠得到加強和磨礪。

那是在馬林果戰役的前夕。拿破崙坐在營帳裡，凝視著面前攤開的一張義大利地圖。他把四枚釘子按在地圖上，一邊挪動釘子，一邊思考著。

過了一會兒，他自言自語地說：「現在一切都好了，我要在這裡抓住他！」

「抓住誰？」身旁的一個軍官問道。

「墨拉斯，奧地利的老狐狸。他要從熱那亞回來，路過都靈，回攻亞歷山大里亞。我要渡過波河，在塞爾維亞平原迎著他，就在那兒打敗他。」拿破崙的手指向馬林果。

但是，馬林果戰役打響後，法軍受到敵軍強有力的抵抗，只剩招架之功，拿破崙精心籌畫的勝利眼看就要成為泡影了……

正當在法軍要敗退之際，拿破崙手下將領德撒帶著大隊騎兵馳過田野，停在拿破崙站著的山坡附近。隊伍中有一個小鼓手，他是德撒在巴黎街頭收留的流浪兒，在埃及和奧國的戰役中一直為法軍作戰。

待軍隊停住，拿破崙朝那小鼓手喊道：「擊退兵鼓。」

可是，這個孩子沒動。

「小東西，擊退兵鼓！」

孩子拿著鼓槌向前走了幾步，朗聲回道：「大人！我不知道怎麼擊退兵鼓，德撒將軍從來沒有教過我。但是我會擊進軍鼓。是的，我可以敲進軍鼓，敲得讓死人都排起隊來。我在金字塔那裡敲過它。在泰伯河敲過它，在羅地橋又敲過它……哦，大人！在這裡，我可以也敲進軍鼓嗎？」

拿破崙無可奈何地轉向德撒：「我們要吃敗仗了，現在可怎麼辦？」

「怎麼辦？打敗他們！要贏得勝利還來得及。來，小鼓手，敲進軍鼓，像在泰伯河和羅地橋時一樣敲吧！」德撒說著。

不一會兒，隊伍隨著德撒的劍光，跟著小鼓手猛烈的鼓聲，向奧地利軍隊橫掃而去。他們不惜流血犧牲，把敵人打得一退再退。德撒在敵人的第一排子彈中倒下了，但隊伍並沒有動搖。當炮火消散，人們看到那小鼓手兒走在隊伍最前面，筆直地前進，仍舊敲著激昂的進軍鼓。他越過死人和傷員，越過營壘和戰壕。他以自己勇敢無畏的精神開闢了勝利的道路。

以前的人一定認為「水不可倒流」，我們知道，那是因為他們還沒有找到發明抽水的方法；現在的人一定認為「太陽不可能從西邊出來」未來的人可能會說，那是因為我們還沒有找到讓人類能居住在另一個「太陽正好從西邊出來」有星球上的方法而已。

不是不可能，只是暫時沒有找到方法，讓我們不要給自己太多的框框，不要總是「自我設限」。假使「不可能」已成為一個人或一個企業的「口頭禪」，他們已習慣對自己說「這不可能，那不可能」這樣的氛圍，也許就註定他們在競爭的大潮中難有輝煌，並最終被那些不說「不可能」只專注找方法的人所淘汰。

失敗一定有原因，成功一定有方法。讓我們調整好自己的注意焦點，把，「不可能」這個消極的字眼從我們的「私人詞典」或「企業詞典」中永遠刪去，因為即使真的遇到難題，我們至少還可以說：不是不可能，只是暫時還沒有找到方法。

有什麼樣的自我期望，自然就會選擇什麼樣的信念；

有什麼樣的信念，就會選擇什麼樣的態度；

有什麼樣的態度，就會做出什麼樣的行為；

有什麼樣的行為，就會有什麼樣的結果。

因此，要想結果變得更好，要先讓行為變得更好；

要想行為變得更好，先讓態度變得更好；

要想態度變得更好，先讓信念變得更好；

要想信念變得更好，先讓自己選擇更好的自我期望。

在自己的心目當中，你認為自己是什麼，最終你就會是什麼！

我是我認為的我，我們是我們認為的我們！

生命中隱藏著許多不可思議的潛能，所以你不必老是害怕未知的困難，因為屆時神會給你足夠的力量。在人生困頓的時候，有些人常常會懷疑自己的信仰，埋怨自己心中的神，卻不去探討「一切操之在我」的哲理。

一個禪師經常和眾人談到「命運」這個詞，一個忠實的聽眾一直堅信著「命運」的說法，所以他每天都在盼望著生命會發生奇蹟。他心裡想，既然有命運，那麼一切都由命運來安排吧。然而，一年復一年，他的生活一直是平庸的，沒有輝煌和光明，只有灰暗和貧困。他想，難道是自己的命運注定如此嗎？

帶著疑問，他去拜訪禪師，他問禪師：「您說真的有命運嗎？」

「有的。」禪師回答。

「但我的命運在哪裡？是不是我的命運就是黯淡和貧窮呢？」他問。

禪師就讓他伸出他的左手指給他看說：「你看清楚了嗎？這條橫線叫做愛情線，這條斜線叫做事業線，另外一條豎線就是生命線。」

然後，禪師又讓他跟自己做一個動作，他的手慢慢地握起來，握得緊緊的。

禪師問：「你說這幾根線在哪裡？」

那人迷惑地說：「在我的手裡啊！」

「那，命運呢？」禪師笑了笑。

「啊！」那人終於恍然大悟，原來命運始終在自己的手裡。

在心理學上，這種具有摧毀性的心態被稱為「無用意識」。如果在一塊石頭上絆倒的次數太多，那個人可能從此就失去信心，產生無用意識。

對於無用意識是如何產生的，賓夕法尼亞大學教授馬丁·塞利格曼教授作過深入研究，在其所著的《活出最樂觀的自己》一書中，塞利格曼教授指出，有三種特定模式的信念會造成人們的無用意識，甚至毀掉自己的一生。這三種信念是「長期存在」、「普遍存在」及「問題在我」。

在這個國度裡，有那麼一群人，他們勇於克服眼前的困難和橫亙的障礙，成就自己的夢想。他們的豐功偉績源於自信，這就是他們與那些輕言放棄的人的區別，他們並不會認為困難和障礙會「長期存在」，從來不會視小小的困難為無法移動的泰山，不會認為困難和障礙揮之不去。而一個人還沒有努力至情況發生改變，就認為自己無力改變任何東西，那就猶如他的神經系統中了致命的毒藥。

多年前，我的人生曾經跌落谷底，無比絕望，我以為那些問題是「長期存在」的，這是我從未經歷的痛苦，甚至痛苦到想要結束自己的生命。如今回想起來，實覺愚蠢至極。如果有人（包括你自己）對你說，有什麼問題是「長期存在」的，你可千萬不要相信他，並同要對他「避之不及」。不管人生境況如何，你都要保持一個信念：「這件事遲早是會過去的。」只要堅持下去，你終究能找到出路。

人生中的勝者與敗者、樂觀者與悲觀者的第二個差別在於是否相信問題的「普遍存在」。一個人生的勝利者，從來不會相信困難「普遍存在」，因此，即使有一個困難橫亙在眼前，他們通常只是會說：「唔……這只是我飲食習慣方面的一個小問題。」他們從來不會說：「我是個大麻煩，我吃得太多了，我的人生沒什麼希望了。」

相反，那些深具「無用意識」悲觀的人，他們一味地失望無助，因一時一地的失敗就全盤否定自己，結果還真的「如其所願」，他在金錢、家庭、工作乃至人際關係方面都陷入了困境，人生一敗塗地；他們也不好好照看小孩，配偶也離開了自己——他們既無法管好自己的信念，對其他事情也束手無措。困難「長期存在」且「普遍存在」的信念破壞力巨大，並且真的會將情況往這樣的方向引導，所以這種想法一定要避免，在碰到困難時一定要相信自己能找出解決之道，並且立刻拿出相應的行動，這些消極的信念就會消除。

塞利格曼教授所說的第三個不當信念，便是「問題在我」。如果遭遇一時之敗，不藉此機會調整行動，反而自責能力不足，你很快就會失去動力，放棄堅持。如何才能改變人生？

雖然這比單一的改變來得困難，但是你也不要一味地認為「問題在我」。你若如此打擊自己，又如何能振作起來？

抱守著這些不當信念，就像是在長期服食少量砒霜，日積月累下來便是致命的劑量。雖然不會當下喪命，但是這些不當信念存在一天，你就在往毀滅的道路上前進一天。因此我們必須徹底摒棄他們。記住，一旦你有了某種信念，你的大腦就會自動過濾掉周邊環境中與它相悖的信息，只接納與它相容的信息，而不管這些信息是好是壞。

艾德蒙．斯賓塞說：好或壞，開心或不幸，貧與富，都取決於一個人的認知。

眾人都知道鼎鼎大名的「微軟」，創始人之一比爾．蓋茨的名字更是如雷貫耳。不過他不像人們認為的天才都是因為幸運。他在自己的信念世界裡堅持不懈，而當時這個世界裡沒有任何支撐的依據。

有一天，他發現一家叫做Albuquerque的公司正在研製叫做「個人電腦」的東西，他們急需BASIC程序。他立刻致電該公司，表示自己可以提供這種程式，實際上當時他毫無前例可循。一旦下定決心，他就必能找到那條路，他的這種自信和把握，才是真正的天才之處。

世上有很多人也擁有不遜於他的聰明才智，但是他比別人更能全力以赴。幾周後，蓋茨和他的一個搭擋寫出了這一程式，讓個人電腦變成現實。蓋茨的這一成就給自身也給全世界帶來了極大的變化，人們的商業模式發生了扭轉，他目己也在30歲的時候成為億萬富翁。這就是有把握的信念的威力！

「一英里四分鐘」，這個故事你是否聽說過？數千年來，沒有人認為一個人能在四分鐘內跑完一英里。然而到了一九四五年，這一不可能之事就被羅傑．班尼斯特實現了。他的奇蹟不僅源於長期的苦練，也得益於他在精神上的堅持。他曾在腦海中不斷模擬四分鐘內跑完一英里的場景，久而久之就形成了強烈的信念，在神經系統中他對自己下一道不容否認的指令；全力以赴，達成目標。最後，他真的做到了！很多人還沒有意識到這一記錄的偉大之處，就是為他人樹立了榜樣。在他之前，沒有人認為人類有能力在四分鐘內跑完一英里，然而在羅傑打破紀錄後的短短一年裡，有三十七個人創造了這一佳績。羅傑的事跡給了他們足夠的信心去完成「不可能之事」。在後面的一年裡，破紀錄的人數高達三百多人。

所謂「信念」，就是有桌腳支撐的桌子。如果你堅信自己性感迷人，你怎麼知道自己性感迷人的？難道不是因為你有相關的「依據」來支撐這個念頭嗎？而這些「依據」應該是你過往的一些經歷吧？就是這些桌腿支撐了桌面，形成了信念的把握感。

那麼依據是什麼呢？是他們對你的誇讚，還是鏡子對你的反射？或是和周圍那些被認為是性感的人比較的結果，然後覺得自己像他們？抑或是街上的回頭率？如此種種的依據，只有當你把它們歸到「我很性感迷人」這一念頭的名下才有意義，這樣你的念頭才有桌腳，才能形成一個真正的信念。

信念像一把鑰匙，它可以啟動成功的大門，只要你在內心驅動起信念，信念就會產生強大的力量，讓我們抵達想要追求的人生境界！

6・念力、信念都是為了創造人生的幸福

念力、信念的力量大無窮，心存善念、相信自己的內心朝著正向的信念前進，每一個人都可以改變自己的人生。

念力是什麼？念力就是我們的意念，我們對某個事物或者事情的想法。科學家發現，人的念力是有力量的，而且力量強大，足以改變我們的世界。我們所認識的事物就是經過我們念力作用的結果。

那麼，念力的力量到底有多大？

日本量子物理學家江本勝博士，以水為載體，作了一系列的實驗，讓水聽音樂、讀文字、看圖片，和接受人的意識，並在零下5度的冷室中以高速攝影的方式，拍攝水在接受不

同信息之後，水結晶的照片。得出的結論震驚世界：當水接受正面的信息的時候，水結晶的照片非常的美麗，而當水接受負面的信息的時候，水結晶的照片非常的醜陋，江本勝博士根據實驗的結果，寫出了一本全球暢銷的科普讀物——《水知道答案》。相信這些美麗或醜陋的水結晶的照片，會讓你有所感悟。而我們人體60～70%是由水構成的，不難想像，正面的或者負面的信息，會給我們帶來什麼？

在實驗室裡，用高速攝影機拍攝水結晶的照片，不是每個人都能做到的，而下面提供一些大多數人都可以自己做的試驗：

開車的人都有這種經驗，特別討厭計程車，因為他們會經常的突然剎車、變道、蛇行、超車等等，所以就巴不得他們倒楣被交警攔下來，而一旦真的發生了，就非常的興高采烈，還幸災樂禍地想伸出頭去大叫：你們也有今天！也就在那段時間，我的車經常莫明其妙地被撞，而且還被撞得挺離譜，後備箱的鎖都已經換了好幾次！我也是在那段時間，開始逐漸地意識到，拼命咒別人，可能最先倒楣的是自己！

於是，再看到那些計程車在行駛中做出不常規的動作時，就儘量的強迫自己對他們心生同情，人家起早貪黑的那麼辛苦也不容易，交的租金又高，還要被層層剝削，根本就掙不了幾個錢，上有老下有小，要養家餬口……在真的見他們出了麻煩，就儘量真心地想，他不但好幾天掙不了錢，每天的租金，要繼續交不說，還得賠別人的錢；並儘量真心地希望他們遵守交通規則，安全駕駛……也就是從那時起到現在，我再也沒被人撞過，也沒有撞別人，甚至連細微的擦碰，都沒有了。

這讓我開始意識到，希望別人落難、倒楣，可能最先倒楣的是自己，而真誠地希望別人平安，可能，最先得到平安的，是自己！

有些人喜歡罵人，或在背後說人壞話，他可沒想到，聽到的都是他自己。罵人的聲音就像魔音一樣，聽得最多的人，傷得也最深。當口出惡言成為習慣後，經由自己的耳朵日以繼夜的聆聽、灌輸，久而久之，這種語言就成了心田的種子，早晚會給自己創造惡運的果實。

思想具有能量，語言是有聲的思想，所以語言具有很強振波。當我們說一些不中聽、不吉祥的話時，常會聽到人們說：「快閉上你的烏鴉嘴！」因為當「負能量」的語言一出，你已經在發出振波，更明白說，你是在吸引「同頻道」的事件上門，這也就是為什麼烏鴉嘴會特別靈驗。

尤其是忿怒和怨恨時所說的話，那些話都帶有很強的能量，再透過負向的振波，結果往往讓人意想不到。你一定也聽說過，某些人因為一時氣憤，說出了重話，後來真的發生嚴重的後果。這種事情在醫院的急診室屢見不鮮，比如夫妻吵架，然後妻子氣憤的對先生罵道：「你去死啦！」結果先生真的就死在外面了；父親氣呼呼的對孩子叫罵著：「有本事你就永遠不要回來！」結果孩子真的因為一場意外就再也沒有回去過呢！

有人或許會問：「我只是說說而已，又不是真的，有什麼關係？」如果有人告訴你，說你最近身體的那些異常現象很像是癌症，你會怎麼樣？也許他也只是說說而已，但他的話對你真的一點關係都沒有嗎？

美國思想家文學家愛默森曾經說過：「用刀解剖關鍵性的字，它會流血。」足見語言是有生命的，它具備了創造和毀損的能力。詩人安琪洛也談到過言語的力量。她說，言辭就像小小的能量子彈，射入肉眼所不能見的生命領域。我們雖看不見言辭，它們卻成為一種能量，充滿在房間、家庭、環境和我們心裡。她相信，身邊的言辭會滲透我們的生命。

語言就是發出聲音，這聲音一天少說也要講上幾百句到幾千句，不知不覺地就會影響到自己的情緒、心態和命運。

有些人喜歡罵人，或在背後說別人的壞話，他可沒想到，聽到的都是他自己。罵人的聲音就像魔音一樣，聽得最多的人，傷得也最深。當口出惡言成為習慣後，經由自己的耳朵日以繼夜的聆聽、灌輸。久而久之，這種語言就成了心田的種子，說不定哪一天就會給自己帶來惡運的果實。

所以，我們說任何話都要心存善意，而在措詞用字上面也不要太重。我們談吐時所用的字眼直接明確地影響我們的思想和情緒，一般人處理情緒的中心是右腦，語言中心在左腦。當右腦認知一個負面的情緒時，會越過並底體傳遞到語言中心，說出相應的字。同樣的，當我們左腦在接收到負面的字眼時，也會傳到右腦，反應相應的情緒。所以，你選擇用什麼字眼來表達就相當的重要。比方，如果有人觸怒了你，你可以用「困擾」或「遺憾」的字眼來取代「氣憤」或「忿怒」，想想看，當你改以「遺憾」二字時，你還會火冒三丈嗎？

因此，我們平常與人應對，不妨將這五個字眼，隨時送給對方——

最重要的一個字眼：好。

最重要的兩個字眼：很好。

最重要的三個字眼：非常好。

最重要的四個字眼：真是太好。

最重要的五個字眼：真是好極了。

言語看似簡單，但影響卻相當深遠。我們每個人都是魔法師，可以用言語對別人下咒，也可以用咒語幫助別人。更重要的是，你所下的每個咒語最後都會回到你自己身上，因為咒語是發自於你，你就是整個振波的中心，不是嗎？

每個念頭就像一顆種籽一樣，在種籽裡面，你無法看到大樹，但只要你播下種籽，並持續澆水灌溉，種籽自然會把自己所需的東西，吸引到身邊來，而成長茁壯。

亞瑟・愛丁頓爵士這位偉大的英國科學家即說：「我們總是認為物質是東西，但現在它不是東西了；現在，物質比起東西而言更像是念頭。」

念頭，沒錯，物質是來自念頭，是來自我們的思想。如果不是先有飛機的念頭，科技是無法創造出發機的；如果不是先有寫這本書的念頭，這本書也不會呈現在你的眼前。

如果你剖析一張畫，你會發現它是由畫布和一些顏料所組成，但一幅畫之所以變成美麗的圖畫，並非來自畫布和顏料等物質的總合，它是來自繪者，是來自繪圖者的念頭。如果沒有那個想法，也就不可能有那幅畫。

我們的每個思想和意念都負荷著不可思議的能量，這些能量會透過各種形式實踐自己。你的思想會創造出疾病，也能治好疾病；你的思想能讓你陷入痛苦，也能讓你離苦得樂。思想創造出善與惡、美與醜、成功與失敗、富有與貧窮、天堂與地獄……你生命經驗的種種，通通都是你的思想所創造的。

所謂「一念一世界」。我們是自己命運的創造者，我們外在所看到的一切，正是我們內心世界的呈現。英國詩人米爾頓在《失樂園》有句名言：「心是居其位，只在一念間；天堂變地獄，地獄變天堂。」

千萬不要小看一個小小的念頭，你的任何「起心動念」都可能改變整個世界。

同時不要輕忽你的惡念，心想：「我只是無聊亂想，我只是說說而已，我想應該沒什麼關係。」即使是微不足道的火花，也可能燒掉整座森林。不要小看你的善念，不要說：「那只是一件小事，不算什麼。」即使是小水滴，最後都可以注滿整個大池子。人們為善、為惡，都在一念之間，變好、變壞，其實就在一個小小的念頭上。

佛陀深知意念的影響力，所以提醒大家說：「不要忽視小惡；火花儘管再小，都會燒掉像山那麼高的乾草堆；不要忽視小善，以為它們沒有什麼用；即使是小水滴，最後都可以注滿大容器。」

生活是由小事所組成的，沒什麼大事，但小事累積起來就成了大事。單單一個小小的善念也許看起來沒什麼，但光是那個念頭即是大大的福報。單單一個小小的動作也許看起來沒什麼，但光是那個行動即是大大的善行。

人生有兩杯水，一杯是苦水，一杯是甜水。只不過每個人喝甜水和喝苦水的順序不同，成功者都是先喝苦水，再喝甜水，一般人都是先喝甜水，再喝苦水，堅持的毅力非常重要，面對挫折時，要告訴自己：要堅持，再來一次。因為這一次的失敗已經過去，下次才是成功的開始。

只要是正確的，「堅持」往往是最好的選擇，也是最後的選擇。

英國首相邱吉爾是一個非常有名的演講家，他生命的最後一場演講是在一所大學的結業典禮上，那次演講的全過程大概持續了二十分鐘，但是在那二十分鐘內，他只講了兩句話，而且是相同的：「堅持到底，永不放棄；堅持到底，永不放棄！」

這場演講是成功演講史上的經典之作。邱吉爾用他一生的成功經驗告訴人們：成功根本沒有什麼祕訣可言，如果真是有的話，就是兩個：第一個就是堅持到底，永不放棄；第二個就是當你想放棄的時候，回過頭來看看第一個祕訣：堅持到底，永不放棄。

正因為邱吉爾擁有永不放棄的信念，他終於帶領英國走過最黑暗的時刻，迎來二次大戰盟國的最後勝利！

第一部

怎樣實現你的「願望」？

I・「精誠所至，金石為開」確實是真理

一、只要不放棄，一定會有好運勢

小澤征爾是日本知名的國際級音樂大師，也是一位名指揮家。他今天之所以能夠奠定大師的地位，是因為參加了當年貝桑松（法國東部城市）音樂節的「國際指揮家競賽」。

過去，不要說是全世界，就連在日本，他也是個沒沒無聞的音樂家。

他決心要參加貝桑松音樂競賽，是因為接受了音樂夥伴的勸告之故。自從他決心參加音樂競賽後，天天廢寢忘食地努力練習，希望能夠取得高分，在競賽中得獎。

或許他覺得自己已經找到了人生的方向，所以信心滿滿地越洋前往歐洲。然而到了當地，卻有更大的難關在等著他去突破。

因為在他前往歐洲之初，雖然已經辦理參加音樂節的手續，但不知何故，手續卻不完備，音樂節的執行委員只好不予受理，是以他無法參加音樂節。一般的音樂家（藝術家）大多性格內向，不喜歡多事，通常在這種情況之下都會放棄，而不會去尋求其他渠道。可是小澤征爾先生卻不一樣，他生性積極，絕不輕言放棄。

首先，他前往日本大使館把情況告訴使館人員，請他們幫忙想辦法。然而，日本大使館並沒有幫他解決這個問題，正當他進退維谷，不知如何是好之際，突然想到他朋友曾經告訴過他一件事。

「對了！美國大使館有個音樂部門，裡面的職員全都是喜歡音樂的人！」想著想著，他連忙起身前往美國大使館。

美國大使館音樂部的負責人是一位女性，名叫M・卡莎的女子，她曾經是紐約某樂團的小提琴手。小澤征爾在心裡暗道：「來對地方了！來對地方了！」於是，就將事情的始末向對方說明，拜託卡莎女士能夠幫他的忙，讓他有機會參加音樂節。

剛開始時，卡莎女士面有難色，理由是：雖說我是音樂家出身，但美國大使館干預音樂節的活動，算是一種越權行為。

儘管如此，小澤征爾還是很固執地不斷請卡莎女士要幫他的忙。

由於他的執著，卡莎女士原本僵硬的表情逐漸浮現出笑容，她想了一會兒之後問道：

「你是優秀的音樂家呢？還是一般的音樂家呢？」

小澤征爾不假思索地立刻回答：「我認為我是優秀的音樂家，將來可能……」

他充滿自信的回答，讓卡莎女士立即拿起話筒。

她打電話給國際音樂節的執行委員會，請對方讓小澤征爾先生參加音樂節。結果，執行委員會的回答是，「兩個禮拜後才能做最後的決定，請在這段期間內等候通知。」

對此，他抱有一線希望，心想：萬一不行的話，才可毫不留戀地放棄。

兩個禮拜後，美國大使館告訴他，他已經取得參加音樂節的資格了。

於是，他得以心情愉快地參加貝桑松國際指揮家競賽。共有六十名參賽者，他輕鬆地通過第一次預賽。眼看著就要舉行最後的決賽，當時他心想：「我一次也沒參加過這種國際性的比賽，就算沒有得獎也不會有什麼損失，只要盡力去做，不要後悔就好了。」就這樣，他改變了原本緊張的心情，全力以赴地參加決賽。

不知是不是他這種「即使落選也淡然處之」的態度奏效，小澤先生在貝桑松國際指揮競賽的決賽中，居然壓倒群倫，獲得了冠軍。

二、要去追趕逃逸的好運

小澤征爾先生就這樣奠定了他到目前為止，世界級大指揮家的地位，我們從他的這個故事中，可以學到重要的教訓。

我想，大家已經發覺了「堅持不懈」的重要性。當他在手續不齊備而無法參加音樂節時，如果當時就放棄（一般人也都會放棄了），自然無法在貝桑松指揮家競賽中獲得冠軍的殊榮。恐怕也沒辦法像現在一樣，成為世界著名的指揮家。

由於他直到最後都不放棄，堅持不懈地奔走於日本大使館和美國大使館之間，為了參加音樂節付出最大的努力，才能夠喚來好運——貝桑松國際指揮家競賽冠軍——而建立了目前這個國際大指揮家的地位。

相信大家都會明白了，「堅持不懈」是喚來好運非常重要的特質。換言之，為了召喚幸運女神，就必須和她比耐力。

假設你打算在一組撲克牌中抽出「鑽石A」，並且隨便從當中抽出一張牌，除非你運氣很好，否則無法在第一次、第二次就抽到鑽石A，可能需要十到二十次才能抽中，說不定次數還要更多。不管抽二十次或三十次，也許都無法抽到你所希望抽到的那張鑽石A。

但是，那樣也沒關係。縱使抽了二、三十次都無法抽中想要的牌，也不必哀聲歎氣，只要你不放棄，最慘的情況也會在第五十二次抽中你想要的那張牌（撲克牌總共五十二張）。

總之，想要抽中鑽石A（想要喚來幸運女神），需要堅持不懈的精神，一定不能半途而廢，應具備有繼續努力到最後一刻的耐力。

同樣的，為了喚來好運，需要與好運比耐力。想要達成願望，「堅持不懈」是非常重要的因素之一。

三、幸運女神會突然來訪

關於「堅持不懈」的重要性，筆者自己曾經發生過一個非常有趣，而意味深長的故事。

我的岳父在六年前去世。他在距今二十多年前買了三株柿子樹苗，種在自己的院子內。

當時岳父的家人毫不客氣地極力反對：

「爸爸又異想天開了！柿子很難種，而且不是那麼簡單就會結出果實的。」

因為岳父家的院子並不寬敞，但岳父無懼於大家的反對，在「柿樹絕對會活，我就養活給大家看」的信念之下，堅決地種下了樹苗。

果然不出所料，經過了兩年，完全看不出柿樹會結出果實的樣子。於是，家人就指著柿樹對著岳父說道：「瞧！一個果實也沒有。」並且開始嘲笑岳父。

然而，從栽下樹苗後的第三年起，三棵樹當中有一棵每年都會零零星星地結出幾個柿子。以前家人都認為柿樹絕對不會結果，然而，這個事實讓家人大感驚訝，從此，就從反對轉為讚美：「不愧是老爸，種得真是不錯！」

可是，不知什麼緣故，以後就只有那棵樹每年會結幾個果實，其餘兩棵樹完全都沒有長出柿子的跡象。姑且不論面積寬敞的庭院，在巴掌大的院子內種了三棵大柿樹，實在是令人覺得礙手礙腳。因此，家人私底下商量，決定留下那棵會結果的柿樹，而把另外兩棵柿樹砍掉。有一天，就強迫岳父接受大家事先討論好的意見。

然而，岳父不等大家說完，立即駁斥家人，並且訓示道：

「凡事不能只看眼前的現象，任何事物也不是一時半刻就能輕易地進展。如果是有價值的事，那就更不用說了。絕對不要著急，有時需要堅忍不拔地等待！」

後來，在他種植柿樹之後的第八年，那兩顆原本一個柿子也長不出來的柿樹中的其中一棵，忽然結出漂亮的柿子，比先前那棵樹結出來的果實還要大而鮮嫩，而且美味可口。在數量上也比以前多數十倍，形成所謂「結得滿枝」的狀態。

人生真的是非常不可思議。就像這個故事所敘述的那樣，有時即使努力也會覺得一切都是徒勞無功。但那只是表面上的情況，其實在肉眼看不到的深處，事情正在不斷地進行著。

因此，不管做什麼事，都不要半途而廢。只要堅持不懈地努力，總有一天一定會像柿子那樣，把好運叫了過來。

此處所敘述的兩個例子，暗示著成功法則最重要的關鍵。

換言之，就是「精誠所至，金石為開。下任何決定，做任何事不可擁有不安的心理，堅強的意志、專心致志的精神，可以讓你實現所有的願望。

2・「背水之戰」——逆境是邁向成功的第二步

一、未知的領域中充滿著好運

《易經》曰：「窮則變，變則通。」意思是指事情在停滯不前，陷入僵局時，反而會發現新的活路。這真是一句至理名言。

那麼，為什麼會「變則通」呢？

因為人在被逼入絕境時，為了掙脫困境，就會反覆進行周密的思考，努力不懈地突破困局。結果，智慧即汩汩而出，找到新的活水、新的活路。

飯田亮先生是「日本保全公司」的董事長，在創業十多年之後，該公司就成為股票上市的企業，如今他已經是成功傳記中的人物了。而他就是親身體驗《易經》中「窮則變，變則通」之道理的人。

飯田亮先生在大學畢業之後，暫時幫忙家人從事酒類的批發，這是他們家族世代相傳的家業。可是他生來就有很強烈的獨立心，而且志向遠大，輔助家業無法讓他感到滿足。

因此，他經常在心中暗想：「如果有機會，我一定要自立門戶，成為一名企業家。」當然心中存有這份夢想，就要緊抓著任何能使自己成功的機會。不久，機會來臨了！

「飯田兄，美國現在有一種保全業，你有沒有興趣做看看？」

有一天，他一個朋友提出經營此新事業的建議。

「保全業」在美國已經是一種歷史悠久的事業，但在當時的日本卻是個未知的領域，任何企業都還沒有經營過此事業。但若是情況順利，可能會有重大的發展。飯田亮聽了，馬上覺得「正中下懷」！於是，接受朋友的建議。一九六二年，他在神田的一棟大樓租了一個房間當作辦公室，和朋友兩個人開起保全公司來了。

然而，當年世人對於「保全」這種未知的行業並不是很瞭解，因而冷淡待之。儘管他們兩個人從早到晚拚命地進行宣傳與銷售，可情況卻非常慘，六個月來連一樁生意也沒有。

但是，他終於走運了。翌年，即一九六三年左右起，日本展開了高度成長時代，慢慢地就有生意上門。一九六四年舉行東京奧林匹克運動會時，情況更加好轉。奧運會竟然聘請「日本保全公司」擔任選手村的警衛工作。因此，「日本保全公司」得以獲得社會的信賴，一下子就取得了大部分市民的認同。

飯田先生回憶起當時的情形，他說——

坦白說，奧林匹克委員會聘請我們擔任警衛時，我覺得相當猶豫。可是，我決定拿公司的命運來賭一賭，因為光憑當時的保全人員並不足以擔任選手村的警衛工作，必須大量雇用新的保全人員。在奧運會舉辦期間還沒有關係，問題是奧林匹克運動會結束之後，這些新雇用的保全人員該怎麼辦？由於公司規模不大，無法讓這麼多人吃閒飯。

因此，我在奧運會還沒有結束之前，就掛上「奧林匹克運動會選手村指定的日本保全公司」的招牌，拚命展開宣傳活動。因為這個緣故，生意一個接一個的上門。到了奧運會結束時，生意好到除了原來在奧運期間增加的人員不算，還必須再另外雇用一百名新的保全人員。

二、有時危機是由好運所偽裝的

於是，由飯田先生所領導的日本保全公司總算步上了軌道。然而，在令人意想不到的地方卻有一個「陷阱」在前頭——等著他跳進去。

當時有一家公司聘請他們擔任警衛工作。但原本應該站在防患犯罪於未然之立場的保全人員竟然監守自盜，而且這種事情還接二連三地發生。

好不容易建立起來的信用，就這樣子迅速滑落到谷底了。

客戶付那麼高的價錢，卻雇用了小偷，當然會覺得很憤怒。果然不出所料，原本簽訂契約的客戶，一個接一個地解約。就這樣，飯田先生陷入了窮途末路的危機之中。

就在這個時候，他親身驗證了「窮則變，變則通」的道理，而巧妙地度過了此危機。不僅如此，他還以此為契機，讓公司比以前更為壯大。當時他為了擺脫困境，不分晝夜的反覆思索，以尋求解決的辦法。結果，在他的腦中閃現一個念頭：「人是不可靠的，有什麼方法可以不用人來從事保全工作？……對了！就是電腦。只要有電腦，就可以不必用人來從事保全的工作！」

S・P自動警報裝置就這樣誕生了。由於引進了這個大型電腦，可以一次進行好幾個地方的保全工作，而且人事費用也因而縮減到過去的十分之一。

其後，由於S・P自動警報裝置的關係，日本保全公司的業績扶搖直上，一九七四年發展為東京證券市場的上市公司，果真是「窮則變，變則通」。

附帶一提——「日本保全公司」的業績成長非常驚人，在十四年之內，營業額竟然增加了九十倍，經常性的利潤更是大增了三百七十倍。

三、逆境是讓人飛躍成長的能量來源

羅勃。謝克利是科幻小說的鬼才作家，他有一部作品叫做《希爾》。內容敘述一個名叫希爾的怪物從某個星球來到地球。地球防衛軍立即出動，打算擊退怪物希爾。一個接一個的飛彈發射出去，但不知何故，希爾越受到攻擊，它的身體就變得越大，力量也變得越強。

事實上，怪物希爾是以地球防衛軍所發射的飛彈作為營養來源而壯大起來的。因此，對希爾來講，地球防衛軍的攻擊是求之不得的機會。

與此相同，我們人類也一樣，越是遇到逆境，就越能成長茁壯。

飯田董事長在創辦日本保全公司時，連續六個月沒有工作，亦即被逼上絕境。可是他絕不說洩氣話，反而更努力地展開宣傳活動。

因為這個緣故，慢慢地打響了公司的知名度，生意也一點一點地上門。之後，「在東京奧運會的選手村擔任保全工作」的好運，也隨之降臨。

然而，好事多磨！

正當以為公司的經營已經步上軌道時，保全人員卻一個接一個地發生監守自盜的事件，飯田董事長因而遭到百萬噸級的炸彈（大危機）所轟炸。

可是，飯田董事長是一個耐力強且非常積極的人。在他認為人不可靠之後，立即積極地尋找代替品。是以飯田董事長和怪物希爾一樣，將此重大危機當作營養來源，而完成了公司巨大的發展。

順便一提，各位都知道前年秋天，鹿兒島縣極子島海上的無人島——馬毛島上滋生了數千萬隻的蝗蟲，其在天空中飛來飛去，令人望之毛骨悚然。事實上，這種蝗蟲平常頂多只能在草叢中跳來跳去，絕對無法在天空中飛翔。

那麼，原來無法飛翔的蝗蟲，為何能夠自由自在地在空中飛舞呢？

根據農水省農業環境技術研究所昆蟲管理科科長桐谷圭治先生指出，馬毛島在一九八五年十一月發生火災，島上有三分之一的樹木遭到焚毀，形成適合蝗蟲產卵的裸地。此外，生長在島上的狗尾草、茅草等植物成為蝗蟲最好的食物，所以島上滋生了一大群蝗蟲。也因此使得蝗蟲的食物來源條件惡化，以致原本不會飛的蝗蟲變得能夠在天飛舞。

總之，由於蝗蟲滋生的條件齊備，所以在馬毛島上滋生了數千萬隻的蝗蟲。然而，蝗蟲的數量實在太多，所以蝗蟲的食物很快就消失殆盡了。蝗蟲為了覓食，必須向遙遠的小島移動，這種為求生存的迫切性，使得蝗蟲也突然能夠飛了

換言之，這就是危機感所造成的情況。成群的蝗蟲失去食物，被逼上絕境而擁有危機感。牠們將此重大的危機當作營養來源吸收，是以原本不會飛的蝗蟲變得能夠在天空飛行。

蝗蟲因為有了危機感而喚來好運。通常任何人都不希望遭遇到危機，也不願意被逼上絕路，會想要盡量加以避免。可是從這些例子中也可以瞭解，幸運女神不太會出現在順境中，而是經常在大危機時忽然現身。

所以，不要只想避開逆境，而應該偶爾讓自己置身於逆境之中，擺出「背水一戰」的陣勢，喚來好運。

獲得偉大成功的人都有一個共同點，就是他們都把逆境當作自己的資糧。「窮則變，變則通」以及「擺出背水一戰的陣勢」等詞句之所以有意義，乃是因為危機是黎明前的黑暗，人生走到極端的低谷之後，就會開始向上攀升了。

3・「改變態度」——無欲之心可以開闢康莊道路

一、彩色時期和灰色時期

人生有不管做什麼事都非常順利的彩色時期，也有不管做什麼事都不順利的灰色時期。前者沒有問題，問題在於後者。處於灰色時期時，不管做什麼事可能都會失敗。

因此，一般認為在這個時候，最好採取下述兩個對策中的一個：

1・什麼都不做，做好準備以等待時機。

2・不在意結果，改變態度重新出發。

接下來，筆者就簡單地加以說明：

對於「什麼都不做，做好準備以等待時機」中的「什麼都不做」，指的不是「什麼都不做，袖手旁觀」的意思。當然，處於灰暗時期不能未經仔細考慮就隨便展開行動。但雖說如此，也不是什麼事都不做，坐以待斃。此時，先要有一個認識：自己的運勢已經進入灰暗時期，幸運之神早已逃逸無蹤了。

其次，仔細想想以前所發生的事情，好好地自我反省一番：

「為什麼會在那個地方失敗？是我運氣不好呢？還是當時的做法不對？」

因為如果不承認自己的運勢進入灰暗時期，而在形勢不穩中急於行動，就會使狀態更加惡化。另外，假如對自己的失敗不能做深切的反省，查明失敗的原因，則下次遇到問題時，依然無法擬定對策。

古代，有一位旅人在山中迷路。在他尋找出路的時候，天色漸漸暗了下來。

旅人迷失方向，在山中走來走去。不知過了多久，看到前面孤零零地閃著一盞燈光。「好極了！前面有民宅。今晚就向他們借宿吧！」旅人不由得高興叫道，並且快步往前奔去。當他跑到燈光前時，才發現那不是民宅，而是一間破舊的寺院。

旅人告訴住持自己迷路的事情，住持好心地回答——

「哦？原來如此！那可真苦了你。如果你不嫌棄本寺破舊，今晚就住下來吧！」

當晚，旅人突然被「嗡——嗡——嗡——嗡」的聲音吵醒。「究竟是什麼聲音呢？」旅人想著，就把油燈點亮。只見許多蒼蠅停在破拉門上，拚命地想要飛出房間。

第二天早上，住持碰到旅人就問道：「昨晚睡得還好嗎？」

正當旅人忸忸怩怩，有些一好意思地回答：「這個嘛……這個……」之際……

住持突然大聲笑了出來，接著他說道：

「不知什麼緣故，本寺的蒼蠅很多，真是讓人覺得困擾。但是我看到蒼蠅時，就覺得牠們很可憐，所以不想趕牠們出去。另外，我還把蒼蠅當作反面的教師。你看了應該也曉得。本寺的門窗全都非常破舊，到處都是空隙，只要蒼蠅想飛出去，就可以輕易地出去。無奈蒼蠅不懂得脫身之道，硬是要攻向同一個地方，結果力盡墜地而死。我覺得人如果也這樣的話，那就完蛋了……」

換言之，住持指的是：人如果不懂得脫身之道，而只固執地進攻一個地方，那麼他的命運就會與蒼蠅一樣。

人在倒楣，連續遭遇不幸時，內心就會開始慌張，並且心情煩躁地亂衝亂闖。然而，此時正是需要保持冷靜，考慮到以退為進的時刻。而且還要好好地反省，弄清楚運氣不佳的原因，開拓視野，想出下一個對策。

這就是所謂的「什麼都不做，做好準備以等待時機。」若能如此，則灰暗的運勢不久就會煙消雲散，新的道路也就會在眼前豁然開朗起來。

二、改變態度才會喚來好運

接著，「不要在意結果，改變態度重新出發」，指的當然是動機正當的態度。

假設你非常喜歡打棒球，渴望將來能夠成為一名職業棒球選手，那麼你一定會非常努力練習，以便能夠成為職棒選手。然而，儘管你付出了最大的努力仍無法達成心願時，你就應該立即放棄你的願望。「雖說如此，也不是要你半途而廢，而是必須如方才所說的那樣，付出最大的努力之後才能放棄……」

往正面的方向解釋，比方說：「我都這麼努力了，但是卻無法達成心願，這可能是上帝的指示，說我不適合當一名棒球選手。如果是這樣的話，上帝一定會另外為我準備一條適合我走的道路。」然後改變態度，重新出發！

實際上，職業摔角選手，大個頭的馬場原本有志於成為職業棒球選手。

有一年，他以投手的身分進入巨人隊，達成了多年來的心願。可是不管他多麼努力，都無法成為出色的職業棒球選手，後來他被迫離開棒球界。但幸運的，上帝為他準備了另一條路。眾所周知，他最後成為世界一流的摔角家，而功成名就。

另外，俄國的文豪馬基希姆・高爾基起初想要當一名歌手，但他的情況也是完全沒有辦法成為一名出色的歌手。最後，他成為一名文學家，坐收成功。

總之，這樣的例子不勝枚舉。因此，就算你無法達成目標，也用不著悲歎度日，而要認為一定有「其他的路」正等著我去走，改變態度重新出發。

在正當的動機下改變態度，人就能夠放鬆心情，發揮最大的能力。

筆者接下來要提到的人不太出名，大概有很多人不認識他，他就是大相撲高砂部屋一位名叫若筑波的年輕人。若筑波現年三十歲，身高一百七十五公分，體重一百一十九公斤，在相撲選手中，他的個子算是矮小的。自他第一次出場，共打了七十一場才升到「十兩」（力士等級之一，屬於二段），所以不能算是很強悍的力士。他在前年年初的會場上負多勝少，從好不容易升到的十兩，再次降至「幕下」（位於「十兩」之下的力士）。

當時，他經過一番深思熟慮：

「我這麼努力，好不容易才升到『十兩』的等級，如今卻又降至『幕下』，看來我的實力真的不夠。算了！乾脆離開相撲界，去開一家提供相撲力士飲食的什錦火鍋店吧！」

於是，他將決定告訴了教練。當他向教練說出轉行的決心之後，心情忽然變得很輕鬆，他打算盡情打完最後一場，從此退出相撲界。

然而，他的態度改變竟然發揮功效。在最後一場相撲比賽中，他的成績急速上升，竟然七戰七勝，奪得了「幕下」之中最好的成績，連若筑波自己都覺得很訝異。結果，他停止了已經在準備的剪髮儀式，反而發表了重返相撲界的宣言。

這是非常獨特的故事，若筑波原本患得患失的心理在向教練說明要轉行的同時，就悄然消逝，因為改變了態度，心中毫無壓力，這是他七戰七勝的主要原因。當然，改變態度重新出發不一定會帶來好的結果，但態度的改變有時會像若筑波那樣，讓人發揮巨大的力量。

因此，遭到幸運之神所遺棄，不管做什麼事都無法達到預期的效果時，也不要太逞強，以「不管三七二十一，先做看看再說」這種心境來工作，有時會意外地進行得很順利。

三、改變態度重新出發的成果

居住在美國佛羅里達州的梅爾・菲謝先生（六十三歲）也是如此。

菲謝先生在距今二十五、六年前聽人說有一艘西班牙的商船「歐特奇亞號」，船上滿載著一大堆金銀財寶沉入佛羅里達附近的海底。起初菲謝先生也不以為意，但是隨著歲月的流逝，他開始對這件事情念念不忘。終於有一天，菲謝先生拋棄了工作，決定專心去尋找「歐特奇亞號」。

他周遭的人當然是極力反對：「話雖如此，歐特奇亞號沉入佛羅里達附近的海裡畢竟只是個傳聞，並沒有確實的證據。就算是事實，歐特奇亞號是不是滿載著金銀財寶還不一定。不管怎麼說，想要尋找歐特奇亞號需要一筆龐大的費用。」

但是，菲謝先生雖然深知這些風險，但還是不顧眾人的反對，堅決要去尋找歐特奇亞號。關於費用方面，因為菲謝先生本身就是一個富翁，所以不必擔心這個問題。

就這樣，什麼也沒發現的過了一年。後來又過了四、五年，但完全看不到西班牙商營，特奇亞號的蹤跡，人們開始嘲笑菲謝先生的奇行和愚行。他的資金也即將用盡，但菲謝先生看不出有罷手的樣子，他依舊籌措資金繼續尋寶。

就這樣又過了十幾年，從開始尋找歐特奇亞號至今，竟然已經過了二十年的歲月。此時，依然看不到歐特奇亞號的蹤影，就連菲謝先生也逐漸顯現出疲憊的神情。但儘管如此，他還是不打算停止尋寶的計劃。

事後，菲謝先生曾回想當時的心境，說出這樣一段話：

「找了二十年，絲毫不見商船的蹤影，連我都覺得失望頹喪。可是我並不想放棄，我確信『歐特奇亞號』必定長眠於海底的某個地方。不過，從那個時候起，我的心中也確實產生了變化。因為在第二十年之前，我的內心非常焦躁，心想無論如何也要找到寶船，讓世人對我刮目相看。可是過了第二十年之後，這種急於表現的心情已經消逝了。也就是說，從那個時候起，我的心境慢慢改變。覺得找得到的時候就去找，找不到就算了……」

於是，菲謝先生改變態度，以「反正找不到的話，自己還是自己，跟以前的情況沒什麼兩樣」的心境繼續尋寶。就在四年後（總計二十四年後），菲謝先生終於找到了西班牙商船「歐特奇亞號」，完成了他多年的心願。

據說，菲謝先生目前已經從「歐特奇亞號」上撈出相當於八十億日圓的寶物，而這只是其中極少的一部分。「歐特奇亞號」上裝載的寶物，總共竟然高達四百二十億日圓。

附帶一提，菲謝先生在找到「歐特奇亞號」之前，二十四年來一共使用了八十億日圓的經費，也就是他第一次打撈上來的總額。

這是個因夢想而偉大的故事，從這個故事中，我們瞭解到不只是改變態度重新出發的效用，也明白在本章開頭所介紹的「堅持不懈」和挑戰精神的重要。

走在人生旅途上，有時也需要試著改變態度重新出發。

等待，並非無所事事，而是在等待中尋求改變的策略。

4・「幸運女神」——機會就在你眼前

一、因為疏忽大意而讓好運溜走

在拍攝電視或電影時，最令導演及工作人員感到辛苦的是天氣，尤其是以蔚藍的天空為背景所拍攝的鏡頭最為棘手。

拍攝蔚藍天空的鏡頭，在開拍當初就已經列入時間表。但預定拍攝藍天的那一天，天空總是突然被雲層所覆蓋，這種情況屢見不鮮。工作人員只得回到攝影棚，用藍色佈景來取代蔚藍天空的景緻，以便電影能夠如期殺青。可是真正的蔚藍天空和佈景的天空，給人的感受全然不同。

因此，攝影小組非常在意天氣，尤其是預定拍攝蔚藍天空的鏡頭的日子，從早上起床到攝影完畢這段期間，整天都與天氣處於對峙的狀態。

因為即使當天是晴天，也不知道什麼時候會變成陰天。相反的，縱使拍攝蔚藍天空的預定日是陰天，有時也會出乎意料地在剎那間放晴。換言之，為了確實掌握瞬間的藍天，攝影小組必須整天都盯著天空，一刻也不能放鬆。

電影導演大森一樹先生也是對變幻不定的天氣感到棘手的導演之一。不過，他總是把在陰天瞬間出現的藍天，比喻為人生中的「機會」。

有一次，大森導演及工作人員預定在電影殺青的前一天，以藍天為背景，拍攝女演員突然露臉的鏡頭。而且那個鏡頭若能拍好，電影就可以宣告完成。

那天，大森導演非常幸運，雖然早上天空覆蓋著厚厚的雲層，但在晌午之前，正如「煙消雲散」這個成語所形容的那樣，所有的雲都消失無蹤，整個天空一片蔚藍。此時，大森導演非常高興，決定變更原有的預定計劃：「大家聽著，如果是這樣的話，今天就不會整天都是陰天了。藍天的鏡頭下午再拍，先吃午餐，再看看已經拍好的毛片吧！」

然而，後來天氣竟發生了顯著的變化。他們吃完午餐，看完了毛片，從試映室出來時，藍色的天空已經不見了，整個天空再次覆蓋著厚厚的烏雲。結果，就這樣因為疏忽大意而錯過了瞬間呈現的藍天。大森導演無可奈何，那一天只好用人工的藍天佈景來拍攝該鏡頭了。

二、機會就像陰天裡剎那展現的青空

在這裡，我們來聽聽大森導演的說法：

拍攝電影和舉行運動會或遠足不同，天氣對我們從事電影工作的人來講，不是可以籠統地說晴天或雨天那麼簡單就可以了事的。即使是晴天，有艷陽高照、晴空萬里的晴天，也有像要下雨卻沒下雨的晴天。即使是雨天，也有傾盆大雨或煙雨濛濛之分。也就是說，要拍攝晴天的景象時，不是說沒下雨就可以拍。反過來說，下過毛毛細雨而放晴時，也可以考慮攝入鏡頭……（中略）

一般人早上起床看到屋外是陰天時，如果一直到黃昏都不去注意天空的景色的話（除非是從事特殊工作或相當空閒的人，一般人大多如此），就會留下今天整天都是陰天的印象。但是，雖然是陰天，卻也不是整天都烏雲密佈，有時候也可以看到鮮麗的藍天。可是那只是剎那間的事，很快地天空又會被雲朵覆蓋住。對於剎那間呈現藍天而渾然不知的人們，就會覺得今天整天都是陰天。

我們錯過藍天的那一天，就是這樣的日子……（中略）

人們在一生當中所邂逅的機會，大致上也是如此。我把製作電影比喻成人生，各位可能會覺得有點不倫不類，但機會可以說是「陰天剎那出現的蔚藍天空」。

所謂機會，我認為絕非意謂著「福自天降」的幸運。機會只出現在耐心等待和提高警覺，不放過任何機會的人身上。機會也許就像是滾到身邊的石頭一樣，只是沒有人願意把它撿起來。

大森導演想要說的話，大致可以整理如下——

正如大家常說的「幸運的女神只蓄著額髮，後腦勺是個大光頭。當幸運女神迎面而來，你不伸手去抓，等到她經過想再抓時，就只能抓到一個大光頭」那樣，幸運來臨時，也像陰天剎時露臉的蔚藍天空一樣，很快就會遠離。因此，為了不錯失難得的幸運，首先必須擁有能夠看出幸運來臨的感受性。因為如果不具有這種感受性，也會眼睜睜地讓千載難逢的機會逃逸。而且在機會還沒有從我們身邊溜走之前，就必須伸出手來緊緊將機會抓住。

不曾發現到陰天時也會露出蔚藍天空的人總是說：「今天一整天的天空都陰沈沈的。」但非常仔細凝望天空的人，一定可以發現天空的某處曾經露出藍色。同樣的道理，機會只出現在非常注意機會的動向，並且擁有積極行動力的人面前。

三、加強自身的感受性

方才有提到「感受性」這個字眼，那麼讀者的感受性如何呢？

你是感受性強的人，還是感受性弱的人呢？如果是前者，那麼我要恭喜你。萬一是後者，希望今後你能夠竭盡全力來加強自己的感受性。

正如大森導演所說過的那樣，感受性差，對事物反應遲鈍的人，絕對無法抓住好運。

關於感受性，有一個饒富趣味的故事——

眾所周知，發現X光的是德國物理學家倫琴。有一天，倫琴發現儘管克魯克斯放電管包裹著厚厚的黑紙，還是會從克魯克斯放電管流出陰極線（指在真空管內放電時，從陰極釋放出來的電子）。

感受性強的倫琴，沒有錯過此一忽然產生的不可思議的現象。他注意到這個現象，並且徹底地加以研究。

結果，倫琴利用陰極線發明了醫療用的透射裝置（X光攝影裝置）。由於發現了X光，他成為全世界家喻戶曉的人物，並且獲得了無上的殊榮。

然而，在倫琴發現X光很久以前，就已經有人看到了這種不可思議的現象。例如，發現克魯克斯放電管的克魯克斯。

不過，克魯克斯的感受性並沒有像倫琴那麼強烈，他對這種現象一點疑問也沒有，眼睜睜地錯過了這個機會。數年後，他在聽到倫琴發現X光的消息時，才後悔地跺腳說道：「真是的！要是我當年也注意到那種現象的話……」可是已經來不及了。感受性強弱的差別，就把「成就」做出了分野。

即使是陰天，只要仔細觀察，也一定會在某處發現藍天（好運）。同樣的道理，只要你不斷地磨練感受性，多方用心注意，一定可以獲得好運。「幸運」女神會來到所有人的身邊，而且你也必定能夠得到那千載難逢的機會。人生的光明與黑暗就在這裡——這就是我們的成功法則。

5・「我一定做得到」——是成功的咒語

一、不要老是捧著「金碗」挨餓

有一天，神將精靈、動物靈召集到天國，對他們說道——

為了修行起見，我打算把你們送到人間。

人間和我們這個地方不同，那是一個充滿痛苦、悲傷和辛酸的世界。對我們天界的神仙而言，是個艱苦嚴酷的地方。有時可能會讓自己置身險境。不過，我希望你們不要有所畏懼，在「肉體」這個物質腐朽之前，大家努力在人間修煉，修成更高境界的聖靈之後，再回到天國來。

在你們前往人間之前，我將個別授與適合各位獨特的力量，亦即武器和能力，以便讓各位修行起來稍微輕鬆一點。你們可以運用這些武器，充分領略人間的生活。

於是，以人類為首的所有動物奉命穿上「肉體」──這個實在是不方便的物質，並且被賦與了適合自己的能力，誕生在地球上。於是，神就個別賦與他們各種不同的武器與能力：

猴、貓──敏捷、身體輕盈。

象──力大無窮的王者之姿。

老虎、獅子（全都是肉食性動物）──銳利的牙齒、狩獵能力。

斑馬、鹿（全都是草食性動物）──高度的警戒心、迅速逃逸的速度。

鳥──在天空飛舞的翅膀、銳利的視覺。

狗──敏銳的嗅覺、聽覺，受到人類所寵愛的馴服性格。

最後，神給了萬物之靈的人類最強大的武器──「頭腦」和「自由意志」。

然而，人類之外的所有動物都能充分發揮神所賜予的能力，為什麼唯獨人類不能發揮天賦最強大的武器呢？

根據大腦生理學的解說，人類的腦細胞中有一百四十億到一百五十億的神經細胞，而神經細胞的回路組合竟然多達一百五十億的二十五次方。除了一部分的人之外，目前幾乎沒有人會使用這個可以稱為是巨型電腦的頭腦（能力）。

這不是很可惜的事嗎？如此看來，我們不是「捧著金碗挨餓」嗎？因此，我們總是差一點就掌握到幸運，或雖然希望獲得成功，卻老是嚐到失敗的苦頭。

二、所謂的「常識」也會誤人

那麼，究竟要怎麼做才能充分活用上天賦與的最強大武器呢？

關於這一點，在後面的篇章會詳細敘述，在此只簡單敘述一下。那就是，首先必須完全捨棄心中「根深柢固的想法」。

我們必須將過去偏頗而否定的想法完全排除，並且積極地在心中納入肯定而懂得變通的想法。我們人類從小在學校或家中，被老師和父母教導了一些否定而普遍性的知識。

例如，「這麼做恐怕有些勉強哦！」、「這件事我做不來！」、「這件事已經超過我能力的極限！」、「哪裡會有那麼荒唐的事！」、「怎麼可能有這種事！」、「事情就是這樣！」等等。

因此，人類在知不覺中，就變成了格局小、性格偏頗的人。碰到稍微超過常識範圍或劃時代的事物，也會表現出拒絕的態度，而絕對無法接受。

距今數十年前，某位建築學家極力主張，「日本是個地震國，絕對不能建造像美國那種摩天大樓。」可是，看了現在東京新宿地區的摩天大樓，就可以瞭解到以前的建築學家是多麼地拘泥於固有的常識。

另外，某位航空學家也指出，「不管科學技術多麼發達，飛機都不能以超音速的速度來飛行。因為飛機以超音速以上的速度飛行時，就會燃燒殆盡。」可是，現在的噴射機卻能夠以超過音速數倍的速度來飛行。

從上述的情況來看，就可以瞭解人類這種生物，是多麼容易受到常識所束縛，

總之，人類和其他的動物不同，擁有發明電視和電話的能力，可以瞬間和遠在幾千公里以外的人談話，或製造飛機、火箭，在地球上乃至於太空中飛行。當然，發明電話或飛機的人可能擁有和我們不同的非凡才能，但既然我們也擁有和他們相同的頭腦，也一定擁有某些特殊的才能才對。

例如，發明大王愛迪生在年少時代被貼上留級生的標籤，後來卻發明了電燈、留聲機、收音機、電影等一千多種物品，令世人驚訝不已。

還有，瓦特的蒸汽機，帶動了歐洲的產業革命，居禮夫人的鐳射線，為醫學史上寫下了嶄新的一頁——因為它可治療癌症。

如此看來，只要是擁有頭腦的人類，不管是智能不足的人或殘障者，也不管是哪一國的人，每個人一定都擁有某些才能。但正如前面所述，雖說每個人都擁有能力，但能力都各不相同。

就如同有些人擅長運動，有些人精於發明，有些人具有繪畫的才能，有些人很會說話一樣，每個人的個性都不一樣。雖然每個人都平等地擁有才能，可是身高一百六十公分，體重五十公斤的人，當然無法參加相撲比賽。相反的，像職業摔角選手那樣身材高大的人，也無法成為賽馬騎士。因此，早一點發現自己的個性、才能並且徹底地加以發揮，是獲取成功、招來好運的必要條件。

三、「主觀印象」會將潛能在萌芽階段就摧毀

美國有位公司負責人名叫波爾麥亞，他創立了ＳＭＩ（Success Motivation Institute）公司，專門傳授獲得成功的祕訣。該公司的學習課程聞名全美，是一種劃時代的學習系統，目的在於「將人類的潛能發揮到極緻」。

波爾麥亞曾經說過一段有趣的話，指出如何將召喚好運，茲介紹如下——

> 象能夠用鼻子輕而易舉地抬起一噸多重的貨物。各位在觀看馬戲團表演時，大概也看過身軀龐大的大象被繫在一根小木樁上，竟靜靜地站著，不會想掙脫。
>
> 象在力氣不大的年幼時起，就被重的鏈子綁在鐵樁上，無法動彈。在那時候，小象使盡了力氣都無法扯斷鏈子，也無法拉動鐵樁。不久，牠的身體越長越壯碩，力氣也大了起來。儘管如此，象只要身旁有了木樁子，都會深信自己沒辦法掙脫束縛。

換言之，這是大象主觀的印象使然。其實憑大象的力量，可以輕易地將鏈子扯斷。但因

為牠小時候的經驗深烙在腦海中，以致即使現在已經成為大象，還深信（產生錯覺）「絕對無法掙脫鐵鍊！」而不願嘗試去掙脫鏈子。如果把這個情況置換為人類來看，就如同人類雖然被賦予「頭腦」（無限能力）這種最強大的武器，卻因為主觀印象而不使用此武器，成為「捧著金碗挨餓」的愚人。關於這一點，你有什麼樣的看法呢？

這種情況不限於動物，人類也一樣，只要不能排除這種「固定觀念」的偏頗想法，凡事都以常識性、否定性的眼光來看，而認為「我什麼才能都沒有」時，就會經常錯失機會。

四、心胸狹窄而自私的想法，會讓幸福從身邊溜走

十九世紀的大思想家Ｒ・特萊恩曾經說過這麼一段故事——

有一名叫約翰的男子，擁有一座美麗的蓮池。

這座水池的水源位於遠山的丘陵，蓮池的景觀非常漂亮。夏季時，從水源處不斷地流入澄澈的水，池中開滿了蓮花。此外，在池畔也有玫瑰及其他各式各樣的美麗花卉爭奇鬥豔地綻放著，小鳥們全都來這裡喝水。蓮池的主人約翰先生是位心地非常和善的男子，他豎了一個牌子，上面寫著「任何人都可以進來自由參觀」。

人類固然不用說，這座蓮池也開放給小鳥和動物們。因為這個緣故，約翰先生的蓮池經常有小孩子和年輕男女前來嬉戲玩耍，玩了一整天才回去。不過，有時也會有覺得人生無趣、精神委靡的人前來。但不知何故，當他們來到宛如仙境的蓮池之後，原本愁眉不展的表情全都變得開朗起來了。

不久，人們都稱呼這座蓮池及附近的地區為「心靈的花園」或「神仙花園」，把這個地方當作「休憩」的場所，並深愛著這座蓮池。

然而，從某一天起，這座蓮池發生了顯著的變化。

事情是這樣的。約翰先生突然有急事必須前往國外一年，這段期間約翰先生將這座蓮池及周邊的土地借給一名叫查特的男子。但是查特先生的心胸不像約翰先生那麼寬闊，他是一個非常自私、心胸狹窄、凡事只講實用、極為吝嗇、心地不好的男子，對於不能直接帶來利益的事情完全不感興趣。

因此，有一天，他說道：「哼！真是划不來。開放給人參觀一點利益也沒有，這個地方一年內都是屬於我所擁有，犯不著打開水閘讓別人來享樂。」

說完之後，他竟然關閉了連接蓮池和水源之間的閘門。

於是，清澈冷冽的泉水不再流入蓮池。不久之後，池水開始停滯，並散發出惡臭。池中的魚一隻接一隻地死亡，以前綻放得非常漂亮的蓮花也都枯萎凋謝，連花莖都沈入泥底。

於是，小鳥和動物們都不再來蓮池，人們就更不用說了。

還有，蓮池下方牧場的草地以前是藉由蓮池溢出來的水來滋潤，如今也乾涸了，以致家畜一隻接一隻地死去。

結果，約翰先生原本所擁有的「心靈的花園」，為人類和動物們所喜愛的蓮池，因為心胸狹窄和自私的查特先生之故，在短短的時間內，變成臭氣沖天的「死池」。

五、認為「自己做得到」的肯定想法，是獲得成功的關鍵

特萊恩把這個故事稱為「蓮池的教訓」，以下是他的說明——

前後的情況實在相差太大。在我朋友悉心照料的時期，和查特先生關閉水閘，截斷位於山丘上的水源之後的情況，產生了極大的變化。當屬於生命本源的水源遭到截斷時，不僅蓮池的景觀發生變化，蓮池畔一帶的牧場的水源也一併被阻斷，家禽和家畜再

也無法飲水。

我們難道不能把這件事與人類的所作所為歸納在一起來思考嗎？

當我們產生「與一切生命的本源——神合為一體」的自覺後，並且打開自己心靈的流入口，讓大生命的清流流入心中時，我們就可以與最崇高、最偉大和最完美的普遍之靈建立和諧的關係。

蓮池的教訓讓我們瞭解到，必須珍愛宇宙中最真、最善之理。

接下來，筆者就試著以淺顯易懂的方式來解釋看看——

我們每個人都擁有神所賦與的無限能力（丘陵的水源），只有衷心相信那偉大的自我能力（潛能），肯定地認為（打開水閘）凡事都「做得到」的人，才能按照自覺的程度喚來「成功」、「好運」以及「財富」。

但相反的，無法相信自己的能力，否定地認為（關閉水閘）凡事都「做不到」、「太過勉強」、「自己沒有才能」的人，就是自己切斷自我的能力，無論如何焦急，都沒有希望獲得成功，喚來好運。

不僅如此，正如方才提到的那位查特先生讓池水腐壞、魚類死亡和使花卉枯萎、帶給他人許多麻煩那樣，自私而否定性的想法也會給周遭的人帶來不良的影響，最後也會讓自己陷入不幸之中。

從上述的解釋來看，可以瞭解僅僅是一個想法，就可以使我們的人生變好或變壞。

六、酣睡於你心中的無限潛能

談到這裡，已經稍微涉及到神靈的問題。不過，我想要強調的是，在廣闊的宇宙中，神偉大的能量遍佈四面八方（這個神可以是「上帝」是「佛」或「大宇宙的力量」等等）。

就如同正負極、男與女那樣，神的能量經常與人類存在著相互拉扯的關係。

然而，由於我們太散漫、消極、頑固（關閉了水閘），以致頻率不合，讓神的能量不容易流到我們身上來。

如果讀者能夠想一想廣播電臺和收音機的關係，應該就會比較容易瞭解。

換言之，廣播電臺發出不計其數的聲音（音樂、新聞、相聲、戲劇等……）二十四小時不間斷地傳播到我們的周圍。可是，不管傳播多少優美動聽的音樂，如果不打開收音機的開關，調整好頻率的話，是絕對聽不到任何聲音的。

同樣的道理，為了接收神的偉大能量，還是必須擁有「凡事都能做！」以及「凡事都有可能！」的肯定而懂得變通的正面想法，經常採取積極的態度來面對神。

我想，應該會有不少讀者覺得出現在「蓮花的教訓」故事中的查特先生實在很討厭。事實上，我們心中也經常同時居住著約翰先生和查特先生這兩種人。而遺憾的是，大多數人的心中居住的都是查特先生這種類型的人，受到查特先生所支配的情況比較多。

因此，如果不能完全將頑固、消極和自私的查特先生從心中放逐，讓肯定、積極而懂得變通，並且富有創造性的約翰先生出現在前頭的話，那麼不管經過多久，你都無法成為成功者和運氣好的人。

總之，不要自己任意「畫地自限」，這是非常重要的一點、前面已經敘述過，畫地自限如同捧著金碗挨餓一樣，也會截斷了神能量流入的水龍頭。

查特型的人或許很難突然改變成約翰型的人，但剛開始時必須憑著意志力，積極努力地認定「那是可以做得到」、「那是可能的」以及「我具有天賦偉大的才能」等等。

不可思議的是，剛開始時憑著意志力有意去做的事情，隨著歲月的流逝，有一天就真的什麼事都能做積極地思考了，如此一來就太好了。到了這個時候，水閘就打開了，來自神的能量就能流入你的體內，要多少有多少，你潛在的力量就會爆發。之後，假如能夠使用該能量與力量來展開行動，驚人的奇蹟就會一個接一個地產生。

第二部

我們一定可以超越困境

I・逆境是邁向飛躍成長的序章

一、如何積極利用逆境，決定人生的結局？

日本電力大王松永安左衛門曾經說過：「如果未曾經歷過時運不濟的時期，以及與疾病苦鬥的生活，或是被關進監獄的經驗，人絕對不會有很大的成就。」

事實上，確是如此，在我們看了成就非凡的人物的故事後，可以發現大多數的成功者都曾經歷過上述其中一種經驗。這三種經驗就是所謂的「逆境」，而逆境卻隱藏著鍛鍊我們、使我們成長的偉大力量。

不過，從另一方面來講，也有很多人被逆境的壓力擊垮，以致陷入無法東山再起的不幸境地之中，這是不容忽視的事實。例如，因為事業失敗，打算殺死全家人之後再自殺，抑或深為疾病或失業所苦而企圖自殺……

這究竟是怎麼一回事呢？為什麼有人會因為逆境而茁壯，而有人卻因為逆境而一蹶不振呢？問題在於人們如何去理解逆境的含意。海軍大將山本五十六曾經講過一句話，不過有些粗魯，筆者加以引用，希望各位見諒。他說：「遇到逆境時，他媽的！算不了什麼，就像大便一樣把它拉掉就好了！大便對人類來說，是最佳的肥料，大便拉得越多的人，越能克服逆境，而可以有所成就。」

換言之，遭遇逆境時，以不服輸的精神向困難挑戰的人，克服困境之後就可以飛躍成長。相反的，懼怕困難而想逃避的人，就會被逆境的力量所擊垮，而陷入更不幸的境遇之中。為了便於瞭解，讀者不妨把逆境置換為「雪」來思考。

眾所周知，北海道和東北地方每年都會下大雪，雪（逆境）對當地的人來講，是個令人討厭的東西。但是如果認為雪很討厭而一味逃避的話，雪就會越積越厚，結果造成更大的麻煩。不僅如此，如果對雪放任不管，雪的重量會把房子壓垮，有時還會將人活埋在屋內。

那麼，如果積極地利用雪（面對逆境），情況會如何呢？

這種積極的態度會立即帶來很大的利益。

首先，因為除雪的關係，除雪業者的工作量增加，荷包就越來越飽滿。因為把雪鏟除掉，交通也變得順暢起來，上班工作也比較容易，整個城鎮就會充滿生氣。另外，如果在山中興建溫泉旅館，觀光客或滑雪客就會蜂擁而至，不僅是溫泉旅館受益，也會為山下的小鎮帶來極大的利益。就像陰曆正月十五日，秋田縣舉行的兒童例行活動（在雪窯裡歌唱、吃年糕、喝甜酒等）和札幌的雪祭一樣，由於積極的利用雪，雪馬上從令人感到不便的東西，變成滋生利益的工具。

同樣的道理，碰到逆境時若只會一味逃避，逆境就會使人陷入不幸之境。若是勇敢面對逆境，逆境就會成為開運的跳板，讓人有更大的進展。也就是說，逆境會變成天堂或地獄，全憑你的智慧與毅力而定。本章就是基於這個觀點，舉出幾個以不服輸的精神面對困難，從谷底爬上來的人物為例來加以敘述。

二、只有經得起試煉的人，才能獲得「報酬」

老天爺要給予某個人巨大的成功時，一定會讓那個人處於逆境之中，折磨他、試煉他。只有忍得住該試煉的人，才能夠獲得成功，得到了幸運和財富的報酬。今後，有意坐收成功的人就必須要有所覺悟：「遭遇到重大的困境時，那一定是上天給我們的試煉。」

反過來說，如果對於該試煉沒有欣然接受的勇氣，那麼就不可能獲得成功。從被世人所歌頌的成功者、勝利者的事蹟來看，即可一目瞭然。

換個說法來講、假設你有志於當一名作家，首先就必須向上天提出申請書：「我的志向是當一名小說家，無論如何，請多關照。」

向上天提出申請書，指的就是自己本身要有堅定的決心成為小說家。這樣，上天就會根據你所提出的申請書，反覆研究你是否具備成為小說家的條件？你是不是真的下定決心？夠不夠認真？而在上天判斷你有可能成為小說家時，就會把你放在逆境中磨練。

打個比方來講，假如你有志於成為小說家，拿著辛苦完成的作品去參加什麼新人獎、什麼小說徵文，結果全部落選。儘管如此，你還是抱著很大的希望，繼續寫出好作品。

可是，你卻始終收不到「入選」的通知。

因此，這次你就稍微改變一下目標，直接將作品帶至出版社。可是出版社的人工作忙碌，對你的態度非常冷漠。

沒辦法，你只好將作品留在出版社，說了一聲：「希望你們有空時，過目一下……」心中覺得好像被當作乞丐或野狗那樣對待，懷著落寞和憤怒的心情離開了出版社。幾個禮拜後，你接到那家出版社寄來的「不採用」通知的同時，你的作品也被無情地寄了回來。

像這種情況不下數十次，有時甚至數百次。如果你對作家的熱情絲毫不減，也沒有失去挑戰的精神，上天就不得不承認，「嗯！這傢伙真的很有毅力，可以賜給他作家的地位。」然後，在你提出的申請書上蓋章，同時發出許可證。

其實，因為被拒絕的挫折感，讓你的作品一改再改，更深思熟慮才下筆，如此作品也就越來越成熟……結果，你參加徵文比賽的作品入選，並獲得新人獎，要不然就是接到出版社的採用通知，你終於達成心願當上作家，在文壇上嶄露頭角了。

2・命運越嚴酷，獲得的果實越豐碩

一、激發積極性，超越苦難

豔歌，現在叫演歌（大正末期一種街頭賣藝的走唱歌曲）。

演歌之王北島三郎先生，從年少時期就決定要成為歌手，並且向上天提出申請書。因此，他接受了上天的試煉，被扔到一個窮乏的境遇之中。在他的申請書獲得上天蓋章，得到許可證之前，其遭遇的辛苦真的是非筆墨所能形容。

一九三六年十月，北島先生誕生於北海道上磯郡知內町，這是位於函館西南方大約三十公里的小鎮。總之，他從小時候就非常喜歡唱歌，歲月悠悠，很快地，他已經進入了中學。此時，他已經是一位希望將來成為一名歌手，非常喜歡唱歌的少年。進入高中之後，這種念頭越來越強烈。因此，他在高中畢業的同時，終於下定決心要成為一名歌手，於是抱著「青雲之志」前往東京。當時是一九五四年的春天。

抵達東京之後，他暫住在位於新小岩的伯母家中，並且進入「東京聲專音樂學校」就讀，努力學習唱歌的技巧。可是他在東京的生活並不是那麼輕鬆，白天他在新小岩鎮上的小工廠汗流浹背地工作，晚上到音樂學校去學習音樂和唱歌，日子過得很辛苦，完全沒有稍微喘一口氣的閒暇時間。而且當時他正值發育時期，食量非常大，但因為沒有多餘的錢，所以經常餓肚子。

由於日薪很低，只有三百日圓，而音樂學校的學費又很貴，所以他連三餐都難以糊口。後來他追懷往事地說道：「我每天過著餓著肚子、來往於工廠和音樂學校的生活……」但是，當時他心中有一股強烈的希望：「我不久也會成為像美空雲雀小姐和三橋智也先生那樣的歌手，我絕對要獲得成功，讓大家瞧瞧！」

可是，世上不如意事者常十居八九。

過了兩年，機會並沒有降臨到他身上。當時不像現在這樣，幾乎沒有電視歌唱比賽的節目，而且他在音樂界也沒有門路。因此，他的希望和對音樂的熱誠逐漸轉變成焦躁感。

二、焦躁感和迂迴之路

此後，由於生活所需而成為「走唱的豔歌師（街頭賣唱者）。」五年來，每天晚上都在澀谷沿街賣唱。對於自己成為豔歌師，他多少有點排斥，但他心裡常想，每天在人們面前唱歌，一定會碰到機會。正如他所願，在他成為艷歌師的第五個年頭時，總算獲得了一個機會。在某人的介紹下，幸運地進入船村徹先生所主持的「船村塾」，這對他來說，是一大收穫，可以說是距離他出第一張唱片的目標越來越近了。

從那天開始，在船村先生嚴格的指導下，北島三郎更加努力地學習歌唱。但不知何故，出唱片的機會始終沒有降臨到他身上。他一邊練習唱歌，一邊隨著船村先生前往各大唱片公司。可是沒有一家唱片公司願意接受他。

「為什麼？為什麼我這麼拚命努力地練習唱歌，卻沒有人賞識我？」他仍舊必須過著每天悶悶不樂的生活。

在無可奈何的情況之下，他稍微改變了目標，接受船村先生的勸告，去參加由哥倫比亞唱片公司所主辦的「全國歌唱比賽」。他暗中期待著那一天的來臨，因為他對於走唱時代所鍛鍊出來的歌喉和歌唱能力多少有點自信。但結果，他的期望落空。雖然他在北關東的預賽中輕易拔得頭籌，但在全國大賽中卻只得到第七名。剎時，他覺得眼前一片黑暗。

歌唱能力出類拔萃的他，為什麼連季軍都拿不到呢？其理由大致如下──「他雖然是個新人，但歌唱技巧非常純熟又不怯場，反而帶來負面影響。」以及「他看起來太過老練，欠缺新人的清新感。」而最後一個理由竟然是，「長得醜是一種禍患。」這個打擊非常強烈，幾乎無法讓他重新振作起來。（編按・事實上，北島三郎真的長得不怎麼樣，個子矮小，小眼睛、朝天鼻、大嘴巴……）

可是他雖然遭受打擊，卻也沒有閒暇的工夫停下腳步來。當時，他已不在街頭賣唱，所以必須考慮以後的收入問題。因此，船村先生又幫他想了一個方法：

「不如你和鈴木先生（同屬於船村先生的門生，尚未有名氣的小歌手）兩個人合作表演相聲吧！雖說是相聲，也可以拿著吉他表演『歌謠相聲』，對不對？……」

當北島三郎聽到從船村先生口中說出「歌謠相聲」這個字眼時，頓時感到非常驚訝，差一點就昏了過去。要他巡迴各地唱歌，他可以理解，可是船村先生卻要他去各地表演他所欠缺的才能──相聲。這讓他覺得是繼歌謠比賽落選之後，又一次嚴重的打擊。不過，他還是勉勉強強地答應。一方面是恩師的建議，一方面為了今後的生活，也不能太過苛求。

由於他們兩人都很窮，所以船村先生幫他們這個團體取名為「分文全無雙人組」，迅速踏上巡迴演出之旅。但不知是福是禍，只去外地兩、三次就被趕了回來。因為不管去哪裡，這種表演方式都不被當地人士所接受。

三、不向試煉屈服，一定可以博得勝利

一九六二年六月，機會終於降臨到他身上。值得高興的是，別人幫他取了「北島三郎」這個出色的藝名，哥倫比亞唱片公司正式為他出了第一張唱片。然而，儘管他完成了出唱片的心願，但依然走楣運。他主唱的那首歌因歌詞太過猥褻，在發片不到一個禮拜的時間，就遭到了禁唱的命運。

命運捉弄人，令北島先生欲哭無淚。正如他後來在追懷往事時所說的那樣：「坦白說，聽到那個消息時，我眼前一片黑暗，內心失望到了極點。我苦苦等待，再三盼望，好不容易才出了唱片，沒想到不到一個禮拜的時間就遭到禁唱……作詞、作曲的星野哲郎先生和船村徹先生好心地安慰我，我老婆也激勵我說：『沒有關係，反正再也不會比現在更慘了！』就

這樣，我才咬緊牙關，苦撐了過來。」

當時他超越了困境，同時神也沒有捨棄他。幸運女神已經悄悄地對他展露微笑。那首歌雖然遭到禁唱，但深受聽眾的好評。唱片公司立刻幫他出了第二張唱片，主題打歌的曲名是「淚船」（なみだ船），這是由星野哲郎作詞、船村徹作曲，這兩位黃金拍擋合作的作品。

這首歌一推出，馬上造成轟動，創下銷售一百萬張的紀錄。他過去的辛苦一下子便開花結果了。這一年，他還獲得了日本唱片大獎的新人獎。苦守歌唱這個志向達十年之久，這些年來，他始終處於困苦之中，但他的第二張唱片大賣，讓他達成多年來的心願——名列一流歌手的行列。後來，他的每一張唱片都非常暢銷。他現在已經是「演歌之王」，君臨歌唱界，這是無可爭辯的事實。

說真的，其實筆者不太喜歡「演歌」，聽到那種哀怨的歌詞和旋律，會讓人憂鬱得不得了。可是，像我這麼討厭艷歌的人，不知何故，卻非常喜歡「三郎先生」的歌曲。我想，理由應該是他那獨特而美妙的聲音和歌唱能力吧！不管怎麼說，他的歌唱能力出類拔萃，那是別人所無從仿傚的，而且他那無法形容的獨特歌聲和感覺，令人聽了之後，馬上沈迷於歌中意境，若說他的歌是一種藝術也絕不過分。

大家都知道北島三郎的學生，以「奧州獨自一人旅行」這首歌轟動歌壇的山本讓二，他的歌聲也非常優美。可是如果與三郎先生相比較，馬上就變得遜色了。三郎先生的歌聲非常有魅力，即使與其他歌手相比，也是出類拔萃。因此，儘管我不喜歡艷歌，但是聽到他的歌聲也會覺得很興奮，我甚至還保有數張他的唱片。

暫且不談這些，像才能如此卓越的他，尚且必須接受上天的試煉達十多年才能夠成功出名。一般人可能會有一種錯覺，認為只要有才能，做起事情來都會很順利。但是從三郎先生的例子我們可以瞭解，事實正好完全相反，為了獲得好運和巨大的成功，除了才能之外，還要加上耐力、毅力和其他各種因素。

3・從絕望的谷底爬上來

一、以挫折展開的新人生

提到「京瓷」，大家都知道這家公司是充滿奇蹟的公司，創業僅僅十六年，股價急速成長，成為日本第一。該公司的董事長稻盛和夫先生也是飽嚐失敗，並以失敗為肥料，才獲得長成到今天這種榮景的人。

稻盛和夫先生在一九三二年一月，出生於鹿兒島縣某貧窮之家。就像他自己所說的：「我生性膽怯……在人生路上遭到一連串的挫折……」他的一生曲折多變，飽嚐失敗。

第一次挫折是在一九四四年，他報考鹿兒島第一中學時。當時，他相當有自信地參加考試，但是卻沒被錄取，以失敗告終。在無可奈何之下，只好進入高等小學就讀。

可是，在他進入高等小學之後沒多久，第二次挫折又迎面襲來。他突然罹患了肺結核。結核病在當時並沒有特效藥，和現在的癌症一樣，是非常可怕的不治之症，而且他的弟弟在小時候也因為結核病喪命。當時他飽受不安和恐懼所折磨，瞬時跌入痛苦絕望的深淵。

或許是因為這種絕望感，讓稻盛先生成長茁壯為精神力的化身，以致大家都稱他為「陶瓷狂徒」。當時他為了解除這種恐懼感而求助於宗教，也許是他強韌的精神力戰勝了病魔，讓他再次從病床上爬了起來。雖然他戰勝了病魔，但其後也遭遇到數次挫折。

他再次向鹿兒島一中挑戰，但這次的考試也失敗。沒辦法，只好進入其他的中學就讀。中學畢業後，他的志願是考入大阪大學醫學院藥學系，但又慘遭滑鐵盧。結果，只好進入鹿兒島大學的工學院就讀。

一九九五年，他從鹿兒島大學畢業，希望能夠考進當時著名的帝國石油株式會社。

他傾注全力參加該公司的錄用考試。很諷刺的，這次他的錄用考試也徹底失敗。他追懷往事，敘述當時的心境：「當時我已經自暴自棄，覺得自己的運氣怎麼那麼差，甚至還想過索性去當流氓算了。」

二、信念喚來好運

後來他重新振作精神，進入京都一家名叫「松風工業」的公司工作。可是他在那裡的時間不是很久，因為他受到京都大學出身的精英份子們的排擠，不到三年的時間，就被迫離開松風工業。當時他的心中燃起熊熊鬥志：「我考大學和就職都不行，這個面子我一定要扳回來。我是不會認輸的！」

一九五九年四月，在鬥志的驅使下，他決定自行創業。隨即創立了京都陶瓷公司，員工人數有二十七名。創業後當然遭遇了許多困難、但他絕不屈服。全體員工團結一致，全神貫注地研發新產品。由於成效卓著，京都陶瓷公司一個接一個地研發出精緻的產品。因此，下一個計劃就是將此優異的產品銷售給客戶。

可是，日立等大客戶全都拒絕購買京瓷的產品，理由是：「創業僅僅一、兩年，這種來路不明的小公司所出產的商品，我們怎麼能夠放心地購買？」

「總之，日本的企業非常保守。而且不管我們研發出多麼優秀的產品，規模越大的公司，越不願意理睬。其實只要測試一下，就可以知道產品的好壞，但是他們連這一點都不肯做。」稻盛和夫說道。

在無可奈何的情況下，他只得改變目標，決定前往美國展開推銷工作。因為當時日本的風氣是，「不是美國產品就是爛貨。」所以，稻盛和夫心想：「只要美國企業認可，自然也會受到日本的大客戶所器重。」

但是，美國也不會那麼輕易地就接受日本名不見經傳的小公司。他在美國逗留一個月，拼死拼活地努力推銷，不管去哪裡都吃到閉門羹。結果，在美國的推銷活動也慘遭失敗，讓他不得不在心中暗道：「再也不來美國了！」而意興闌珊地踏上歸途。

可是，過了不久，他又不顧艱難困苦，毅然決然地前往美國再找出路。然而，這次又徹底失敗，他不管到哪家公司，結果都和上次一樣。

儘管如此，他並沒有死了這條心。因為他擁有一個堅定的信念：自己公司的產品比其他的公司還要優異，一定會有公司加以採用的。

有一年，他將整個公司作為賭注，與命運之神賭了一場，第三次勇敢地踏上美國國土。這次，他先搭乘飛機前往美國西海岸，從西海岸到東海岸一家不漏地拜訪電子製造商。可是拜訪了前面十家公司，全都遭到拒絕。

但他一點也不氣餒，仍全力以赴地一家一家地進行推銷。拜訪了數十家之後，總算找到一家願意採用京瓷製品的公司。那是德克薩斯州一家名叫英士圖爾門茨的公司。

以此為契機，京瓷的產品輸入美國之後，再次回銷日本，成為美國的產品而為日本客戶所使用。後來，京瓷飛躍成長，股價超越新力，成為當年日本股價第一的公司。

4・精神力，可以使不可能化為可能

一、從絕望中掙脫出來

稻盛先生接二連三地在考場上敗下陣來，但他一點也不氣餒。而且他還擊敗了當時的不治之症結核病，通過了各種試煉，而爬到今天這個位置。我們不能不佩服稻盛先生巨大的精神力和果敢的行動力。

提到戰勝病魔，現代瑜珈醫學院院長，著作數百冊以上，每年演講將近一百場的藤本憲幸先生也是克服病魔，從谷底爬上來，建立今天之地位的人物。

藤本先生天生體弱多病，從小就罹患許多疾病，如：肺炎、肋膜炎、胃潰瘍、心臟病、肝病、氣喘、貧血等，高中時連醫生都覺得不可思議地說：「這孩子竟然能夠活到現在。」

藤本先生在高中一年級時，主治醫生最後宣告：「你可能活不到二十歲。」雖然這是他預料中的事，但對他這位青春年華的高中生來講，醫生那句不加思考而說出的話，著實讓他受到了相當大的打擊，當時他陷入絕望之中，決心尋死以求解脫。

那天晚上，他宛如被死神附身一般，搖搖晃晃地步出醫院之後，毫無目的地在街上徘徊。當他回過神來時，已經站在鐵軌旁，那時電車向他迅速駛了過來。在他想要衝向電車的那一剎那，十六年來的人生就像走馬燈那樣，在他眼前旋轉而過。不知何故，腦際浮現的盡是一些快樂的事，還有媽媽、朋友和自己暗戀過的女孩。

「噹！噹！噹！」平交道自動信號器的響聲，一陣陣地傳入他的耳中。

「就是現在！」他閉上眼睛，趴在鐵軌上。可是，下一刻他的身體卻浮在半空中。因為有人從後面把他抱了起來，救了他一命。

他在急救醫院裡躺了十天之後，又回到原先那家醫院。

就在這時，他看到了一本內容非常不錯的書，那是已故的大松博文先生所著的《跟我來！》——這也是改變他一生的書。

藤本先生如飢似渴地讀完那本書，書中有一段句子讓他非常感動，他在心中反覆唸著：

「只要去做就會成功！自己的精神力做不到的事，一件也沒有。精神力支配一切！」

在他重新認識到生存的重要性之後，為了克服出院後虛弱的身體，他全神貫注地學習「瑜珈」。其後，他徒步旅行前往全國各地的「斷食道場」，並且勵行素食主義，不間斷地學習瑜珈。他的身體慢慢地恢復健康，到了二十歲時，與醫生當初所說的話相反，他完全成為一個十分健康的人了。

「為了幫助體弱多病的人，我必須讓更多人知道這種功效卓著的瑜珈健康法。」他的心中燃起了這種使命感。在二十四歲時開始在名古屋正式創立瑜珈補習班。當時一般人對於瑜珈術的瞭解還不是很正確，因此需要大肆宣傳。儘管他做了相當程度的宣傳，但結果只招收到十個左右的學生。在這種情況下，要維持補替班的經營非常困難。因此，為了使瑜珈術普及化，他另有打算，準備以寫書的方式來推廣瑜珈術。於是，他馬上將他學過的瑜珈術的所有內容，一個字一個字地寫在稿紙上。

二、燃起推廣瑜珈術的使命感

一個月後，他完成一本書之後，立即前往東京，開始到處拜訪出版社。但是每一家出版社只聽到「瑜珈」兩個字，都面有難色的委婉拒絕。儘管如此，他還是很有毅力地繼續展開自我推銷的工作。在為數眾多的出版社當中，只有一家出版社對瑜珈表示有一點興趣，那家出版社就是專門探討精神世界的「T書房」。

數個月之後，藤本先生所寫的《祕法瑜珈入門》擺在全國書店的書架上。這本書發揮了功效，慢慢地，他的補習班也聚集了越來越多的學生。在經營方面，也逐漸擺脫赤字而開始有盈餘了。

但是，藤本先生心中燃起推廣瑜珈術的使命感，對於現狀還不能滿足。在這種使命感的驅使之下，翌年又開始執筆撰寫第二本書。與上一次相同，稿子寫好之後，他立即前往東京，開始拜訪各家出版社。這一次比上次幸運得多，公司規模宏大的S出版社收下了他的原稿。第二冊以《不為人知的健康法》書名發售。令人意想不到的是，這本書的銷路非常好，僅僅一個多月的時間，就賣出了十萬本，成為暢銷書。

以此為契機，來自全國各地的人陸陸續續出現在他眼前，希望到他的補習班上課。另外，電視台、廣播電台、週刊雜誌等，也紛紛請他去表演示範或拜託他接受採訪。就這樣，他的工作突然忙碌起來。以後也以瑜珈大師的身分完成了重大的發展。正如前面所述，他目前有一百多冊的著作，每年將近一百場的演講。另外，他還身兼日本記憶術學院、現代瑜珈醫學院兩院的院長，國內有六十四處，國外有十四處瑜珈學會的分會道場，每個月還要飛往世界各地，每天都過著非常忙碌的生活。

他也是克服了「病弱」這個障礙（逆境），而成長為現在這樣一個知名人士。

5．相信自己的能力，就是成功的關鍵

一、往自我信仰的道路上邁進

野村克也先生在高中畢業之後，宣稱他要成為一名職業棒球選手時——

他周遭的人，全都驚訝地說：

「什麼？你要當職業棒球選手？你有沒有接受過職業棒球隊的測驗？哈哈哈……你是不是頭腦有問題？你有沒有想過，全日本不知道有多少選手想要打職業棒球，卻因為受到挫折而打消念頭，而且他們都是比你的才能還要多好幾倍的選手。一般說來，只要是有實力的棒球選手，職業棒球隊就會派出球探來挖掘新人……」

他周遭的人會這麼說也不是沒有道理，因為他畢業的那所高中的棒球隊並不是棒球名校。不僅如此，在京都府下，算是實力很一般的球隊，以棒球來講，是沒沒無聞的高中。

但是，他心中卻有一股強烈的念頭，無論如何都要成為一名職業棒球選手。由於他家裡貧窮，從小就飽受生活壓力的折磨。他總是在心裡想：「將來如果成為職業棒球選手，一定要改變目前窮困的現狀。」因此，他從高中時期起就開始預做準備。野村先生甚至找來一本《職業棒球名鑑》，研究各球隊的人員編組，最後還背下各球隊選手的資歷、身高和體重等等，足見他真的是認真考慮要加入職業棒球隊。

當時最著名的球隊是巨人隊。野村克也在念高中時，也希望能夠加入巨人隊。但當時巨人隊有一位以臂力強的投手和打擊率高的強棒而聞名的藤尾選手，所以野村克也首先將巨人隊排除於考慮之外。因為他認為：「就算通過甄試而加入巨人隊，如果無法超越藤尾選手，就不能成為正式選手。」對他來講，藤尾選手是一個最大的敵手。

就這樣，他尋找比較有發展性的球隊之後，結果只剩下南海隊。他的想法是：「這個時候不管是南海隊或什麼球隊，只要能夠進入棒球隊，成為著名的捕手和打擊率強的打擊手就可以了。」就這樣，他於一九五四年參加了南海鷹隊的甄試。

二、以反抗精神超越逆境

不知道他究竟是運氣好，還是原本就有實力，參加一次甄試就被南海鷹隊錄取。他在內心暗自竊笑，「大家都認為我沒有辦法進入職業棒球隊，這下子不曉得他們會怎麼想？我甄試一次就被錄用，可見我並不是沒有實力……」但是，事實真相並非如此，就算他被南海鷹隊錄取是因為實力的關係，但是他的運氣並不好，他外表看起來一副鄉下人的樣子，所以球隊的人認為他的耐力很強，適合擔任投手練習場上的捕手（作為一軍投手的練習對象，只是默默地接投手投來的球而已）。

因此，球隊方面根本沒有考慮要將他培植成為一軍的捕手，錄用他只是為了要讓他作為一個接球的機器人而已。因為不管是現在或當時，有志於棒球夢的人，都無法忍受去當一名投手練習場上的捕手，加入之後沒多久就會退出球隊，所以任何一個球隊都欠缺投手練習場上的捕手。後來，他知道真相時，突然覺得眼前一片漆黑。在遭受這次打擊之後，連飯都吃不下，甚至連思考力都為之喪失。

如果事情僅只於此那也就算了，但是過了不久之後，正當他在二軍的訓練中努力練習時，一位二軍的資深球員講了一句殘酷的話，讓他有如腦門被鐵鎚擊中一般，覺得非常難過。那位資深球員說道：「我打棒球打了那麼久，只要稍微看一下，就知道那個人是不是能夠成為一流的選手。坦白說，像你這種人能夠待三年就已經不錯了。再過三年，你一定會遭到解雇的！」

這位資深球員毫不親切，而且惡意的言辭不僅讓野村先生覺得像是被榔頭打到腦門上，甚至像是一把銳利的刀子刺入胸膛那樣難過，他覺得自己像是跌入了陰森幽邃的山谷。可是他並不因為這樣就示弱，姑且不論自己是不是有打棒球的天分，能讓自己有所表現的就只有棒球而已。如果被迫離開這裡，就無處可去了。

失敗者是不能厚著臉皮回家的。這樣一想，他的內心深處反而燃起了一股熊熊鬥志：「他媽的！我怎麼可以就這樣屈服了呢？」

從此以後，他在結束練習後，就自己一個人留在球場上反覆練習遠投，一投就是幾百球，有如發瘋般地努力練習。投完之後，他再跑到外野去撿球，把所有的球撿回來之後，又繼續投球。光是這樣，他還是意猶未盡，他用容量一公升的瓶子裝水，代替啞鈴（因為啞鈴價錢昂貴，他買不起），強化手腕的力量。此外，他還前往宿舍附近的大學網球場收集掉在球場旁草叢內的網球，每天握網球，直到捏破為止，以此來訓練握力。

三、要不斷地振奮自己

不知道是不是因為持續不斷地嚴酷練習，不久之後，他的手竟然開始發抖，連筷子都握不住。儘管如此，他還是沒有停止練習。但不知何故，雖然他毫不間斷地練習了三、四個月，卻完全沒有出現練習的效果。「我是不是太不自量力了？難道我真的不是打棒球的料？」這種洩氣話，經常浮現在他腦海中。可是，每次想到那個資深球員所說的「再過三年，你一定會遭到解雇的！」這句傷人的話，他就振奮起來，在心中暗道：「他媽的！我怎麼可能被解雇！」然後更加投入練習。

他持續進行自我訓練六個月之後，總算出現了效果。有一天早上他起床時，覺得肩膀有一股力量汩汩而出。於是，立即跑至球場，試著把球投了出去。想不到球竟然接二連三按照他的想法，想投向哪裡就投向哪裡。他不由得大叫起來：「成功了！成功了！」雖說如此，他也不是馬上就被提拔為正式球員。之後很長的一段時間，他仍然待在二軍，擔任撿球和投手練習場上捕手的工作。然而，不斷向自己挑戰的人，機會一定會降臨到他身上。

在他進入南海球隊第三年，亦即一九五六年，他的毅力、實力和對棒球的熱忱受到球隊管理階層的重視，終於將他升為一軍的正式捕手，在棒球界嶄露頭角。而他也沒有辜負球隊的期望，竟然在一九五七年太平洋聯盟中獲得全壘打王的榮譽。以此為開端，後來又成為名捕手、名教練以及強打者，成為戰後第一個三冠王，獲得五次最優秀選手的榮譽，締造了無比輝煌的紀錄。

曾經被資深球員認為不到三年就會遭到解雇，實力不怎麼樣的野村克也先生，結果竟然能夠留下日職如此優秀的成績，原因正如他自己所說的，「我今天心所以會有這樣的成績，是因為資深球員所說的『再過三年，你就會被解雇』那句話，我的機會全都是從這句話展開……」那樣，他的成功完全來自於兩年來擔任投手練習場上捕手的試煉，以及資深球員那一句有如鐵鎚般嚴厲的話。

換言之，就是逆境給予的教訓。

6・幸運就隱藏在不幸之中

一、沒有基礎的幸運，是虛幻不實的

正如前面所述，當上天要給予某個人重大任務時，一定會讓那個人處於嚴酷的逆境中並加以試煉。因此，如果你處於窮困的境遇之中時，絕對不可以自怨自艾。相反的，應該要感到高興才對，而且還要在心裡面想道：「此時正是讓自己成為大人物的試煉，現在正是一個絕佳機會。」

先把心態調整好，心態可以改變一切。

接下來，我們將從逆境邁向成功之過程，簡單整理如下：

向上天提出申請書。（發誓要實現願望）

←

上天反覆審查那份申請書。

←

只要判定願望有可能實現，上天就會故意讓你處在逆境中加以試煉。

←

只有耐得住上天試煉的人，上天才會在申請書上蓋章，並核發許可證。

←

結果，願望一個一個地實現。

那麼，希望獲得巨大成功時入為什麼必須接受上天的試煉？有沒有例外的情況？

很遺憾的，關於這一點，毫無例外。在這個世上，可能有些人看起來好像沒有經歷任何艱苦、困頓就獲得了巨大的成功，但那只是表面上的情況，他一定在某個地方（看不到的部分），以某種形式接受與其成功相對應的試煉。這種情況就好像聳立在天空中的摩天大樓一樣，威風凜凜傲視天地的美麗摩天樓高度越高，深入地層的基礎工程就建造得越深。

不僅是摩天大樓，所有的建築物也都是如此。當然，你所居住的平房也不例外。基礎工程（試煉）一定是按照高度（成功的程度）來建造。因為沒有基礎工程的建築物，不管多麼漂亮壯觀，結果都是虛浮不實，隨時都會有倒塌的危險，這是顯而易見的事實。因此，未經上天的試煉而獲得巨大成功的人，他的成功是沒有事實保證的虛構的成功，一定會崩潰的，讀者必須要瞭解這一點。

二、逆境和順境為表裡一體

另外，也有這種想法。

假設有人給你一萬日圓的鈔票。眾所周知，一萬日圓的鈔票有正面，也有背面。因此在收到一萬日圓的鈔票時，必須正面和背面一起收下來（這是理所當然的事），不能說因為喜歡福澤諭吉就只要鈔票的正面。如果喜歡正面，也必須收下背面。因為一萬日圓的鈔票是表裡一體，只印表面而沒有印上背面的一萬日圓鈔票，畢竟只是偽鈔。

同樣的道理，成功與失敗、幸運和不幸、順境和逆境，一方面存在著相反的因素，一方面也絕對無法分離。因此，如果希望成功，失敗自然會來臨；想要獲得幸運的話，不幸自然就會降臨；企求順境時，逆境也會理所當然地來到。

正如陰與陽、正與負、男與女、生與死那樣，我們所居住的宇宙全都是由兩極所構成。這是神（大自然）創造出來的產物，無論如何都不能改變。可是，正因為是神創造出來的產物，所以在結構上以讓人超越，只要我們的態度積極，根本不必擔心。

正如在前面敘述的那樣，我們人類擁有無限的潛力，為了激發潛力，還是需要許多試煉。在安穩的環境中，無法把潛能激發出來。這種情形就好像是如果不把劍投入火中焠煉好幾次，就無法成為一把削鐵如泥，冠絕古今的名劍。也正如不跳入水中喝水的話，就學不會游泳一樣。

北島三郎先生在『淚船』大賣之前，不知嚐盡了多少心酸。他在東京連續幾年過著有一餐沒一餐的辛苦生活，街頭賣唱也過了五年，都沒有熬出頭。不僅如此，還受騙上當，生活陷入困頓之中。五年來，幾乎是過著青黃不接的艱辛生活。

另外，雖說是暫時性，但是他這位具有歌唱天才的人為了生活，卻必須拚命地表演「歌謠漫談」的相聲節目。換言之，不得不忍受相聲演員這個工作（相聲演員並非是低級的職業，筆者之所以會舉出這件事，意思是在說，有志於當歌手的人，有時必須從事自己所不擅長的工作）。

但是，正因為他曾經有過這段心酸的過去，才能夠瞭解「歌唱心情」真正的含意，並且更進一步地磨練出他的歌唱能力。就這樣以他才能夠成為大歌手，而獲得「演歌之王」的雅號。企業家稻盛和夫先生如此，作家、健康實踐專家藤本憲幸先生也是如此，棒球名人野村克也先生更是如此。

從上述內容可以瞭解，苦難是使我們發揮能力的引爆劑，我們必須要有把自己投入苦難中的勇氣才行。

第三部

獲得巨大財富的法則

I・猶太人經商法

一、為什麼猶太人當中會有那麼多的富豪？

據說，如果將散居於世界各地的猶太人全部聚集起來，人口也不過才一千五百萬人。儘管如此，支配著美國及全世界經濟的卻幾乎都是猶太人。

不，這樣說還不對！不僅經濟，政治、科學、藝術等所有領域，都是猶太人在領導著全世界。從人口比例來講，諾貝爾獎得主以猶太人佔的比例最高，如實地說明了這一點。

這是什麼緣故呢？是不是因為猶太人是優秀的民族，所以才有今日這樣的成就？坦白說，猶太人在經濟方面特別擅長。換言之，就是很會賺錢。不可諱言，猶太人絕對是世界第一會賺錢的民族，關於這一點，就連素有經濟動物之稱的日本人，都不是猶太人的對手。

理由是，猶太人沒有自己的國家，就像後面即將談到的「華僑」一樣，在全世界各地流浪。在流浪的過程中，因為他們是異族而受到歧視和迫害，這種苦難的歷史讓他們產生了獨特的生活智慧，此即所謂的「猶太人經商法」，終至猶太商人支配了今日全世界的經濟。

總之，他們也是藉由「逆境」，讓自己的能力發揮到最大限度。

附帶一提，「猶太人經商法」的重點如下：

1．貫徹現金主義。
2．生意的對象是女人和嘴巴（吃的東西）。
3．精通外語。
4．具有強烈的數字觀念。
5．始終遵守契約。
6．重視時間。
7．不隨便相信別人。
8．不划算就撒手不幹（放棄）。
9．設定大的目標。

二、孜孜不倦地努力是猶太人的信條

猶太人喪失祖國之後，兩千多年來徹底遵守這個信條，而且直至現在還在貫徹。因此，才能像現在這樣，構築了巨萬的財富，而支配了全世界的經濟。其祕訣在於堅忍不拔和腳踏實地、孜孜不倦地努力。茲舉一個例子來看看：

麥雅・羅斯柴爾德恩建立世界第一金融王國的著名猶太人，和其他多數人一樣，麥雅在貧窮中長大，從小飽嚐辛酸。或許是因為這個緣故，他從小對金錢的渴望就比別人更強烈。

他的父母是雜貨商，在麥雅十歲時，父母就教他古錢幣的知識，而他也不辜負父母的苦心，很快就學會了有關古錢幣的知識。一般的小孩頂多稍微學到一些古錢幣的知識，可是深受貧窮所苦的麥雅與一般小孩不一樣，當時他的想法是：

「如果能夠妥善運用的話，古錢幣可能可以讓我發財……」

可是當時並不像現在這樣，並沒有人在收集古錢幣。如果開口談到有關古錢幣的事情，就會遭人訕笑。然而麥雅在以後的日子裡仍然很有耐性地收集古錢幣，並且繼續不斷地學習，而擁有了豐富的古錢幣知識，以等待機會的來臨。因為他堅信：「現在或許還不行，但古錢幣將來絕對可以成為買賣的商品。」

正如他所意料的那樣，機會不久之後就來臨了。在他成年時，透過某人的介紹，得以和宮廷的貴族彼爾赫爾姆見面。麥雅在彼爾赫爾姆面前滔滔不絕地將他以前所學到的與古錢幣有關的知識，盡數地搬了出來。彼爾赫爾姆立即被麥雅不凡的談吐和豐富的知識所吸引，而將麥雅所擁有的古錢幣全部購買下來。

就這樣，麥雅打開了突破口，以後也孜孜不倦地努力，傾注全力地收集珍貴的古錢幣。不久，就建立了世界第一的金融王國。

三、能否迅速地下決定，影響著未來的命運

如上所述，猶太人非常有耐力且堅忍不拔，而且孜孜不倦地努力工作，一旦決定的事情，絕不半途而廢。他們之所以會具備這種性格，是有其歷史背景的。猶太人飽嚐亡國之恥，兩千多年來被當作異族而受到周圍國家非合理的迫害、歧視。但是，正如方才所敘述的，對於胸有成竹的事情，他們總是不屈不撓、不畏險阻地向前邁進。反過來說，對於沒把握或無利可圖的事情，他們就會當場放棄，以貫徹合理主義的精神

假設有一個人創立了新公司，然而這家公司出乎意料的，前三年的經營情況非常順利，但過了三年之後就開始慢慢走下坡。

在這種情況之下，儘管看不到有好轉的跡象，但一般的經營者通常會認為，「好不容易做到這種地步，如果放棄的話，那過去的投資不就前功盡棄了。」明明知道以後會有虧損，仍舊不死心地繼續經營下去。結果，遭到了更嚴重的損失，從此一蹶不振。

猶太人就不一樣了，他們是下決定的天才，完全沒有一般人那種重視情面的習性。他們非常冷靜，在公司即將倒閉之際：會充分地研究是否有東山再起的可能。如果知道沒希望，就會斷然捨棄，下決定的速度非常快。

例如，勞工貸款，由於手續簡便，為日本男女老少廣泛利用，在日本是非常受歡迎的一種行業。對生意非常敏感的猶太人，看到這種情況，認為可以從中賺大錢，曾經全都湧至日本，準備大展身手做起這種生意。然而，儘管利息比日本的貸款公司低，哪知日本人卻不理睬猶太人公司的融資，猶太人經營的貸款公司業績全都低迷不振。

根據某種說法指出，原因是猶太人的市場調查不充分，和未能完全理解日本人的習性所致。而在那個時候，猶太人對日本也絲毫不留戀，迅速撤資。猶太人在認為不划算時，就會斷然撤手不幹，將損害抑制到最低限度。

四、拿破崙・希爾和猶太人不可思議的一致

不曉得讀者知不知道拿破崙・希爾這個人？

他是一個罕見的人物，曾經向鋼鐵大王安德魯・卡耐基請教過成功的祕訣和賺錢的奧祕。後來約有半世紀的時間，他採訪了數千名成功者，並追溯他們成功的過程，找出和驗證成功的祕訣。

他的談話中蘊藏著只有成功者才知道的「哲學」。

「假如我們不認為有極限，那麼就不會有極限的存在。」

「習慣於忍耐的人，就好像加入保險一樣，即使遭遇失敗，也能冷靜地加以看待，縱使他們失敗好幾次，最後一定可以爬到梯子的最頂端。」

另外，關於這位鋼鐵大王卡耐基，希爾這麼說道：「我在經濟方面能夠瞭解『合作者』的哲學，這是卡耐基傳授給我的，與這種哲學邂逅，決定了我一生的工作。」

這裡所謂的「合作者」，是拿破崙・希爾在他的著作中談到的構築巨大財富的十三個條

件中的一項。

1・〔第一階段〕必須要有強烈的願望。

2・〔第二階段〕必須要有自己絕對做得到的堅強信念。

3・〔第三階段〕將自我暗示作為行動的推進力。

4・〔第四階段〕必須學會專業知識。

5・〔第五階段〕發揮想像力。

6・〔第六階段〕謀求計劃的組織化。

7・〔第七階段〕培養出果斷的能力。

8・〔第八階段〕培養耐力。

9・〔第九階段〕尋找合作者。

10・〔第十階段〕將性能力轉換為富有創造性的能力。

11・〔第十一階段〕有效地運用潛意識。

12・〔第十二階段〕充分地運用腦力。

13・〔第十三階段〕培養第六感。

上述的內容是拿破崙‧希爾整理出來的「賺錢祕訣」。令人訝異的是，猶太商人不管知不知道，全都在實行這十三項建築巨大財富的條件。當然，也有可能是有猶太人在閱讀那本書之後，再轉述給其他人。儘管如此，猶太人與拿破崙‧希爾的想法，卻存在著不可思議的一致。成功人士走上成功的路徑與所到達的地方，畢竟是相同的。

關於猶太人經商法，根據號稱「銀座的猶太商人」的日本麥當勞公司總經理藤田田先生指出，基本上，猶太人經商法的重點就只有「女人」和「嘴巴」而已，並且還說這是猶太人經商法五千年的「公理」。他們不愧是做生意的天才，把目標放在容易獲利的地方。總之，女性的購買慾比男性還要旺盛，從百貨公司的大減價到高級服飾店、高級寶石店，任何地方的賣場都是以女性顧客為王。

因為這個緣故，不管是電視或雜誌，幾乎全是以女性為廣告對象。只要掌握住女性的心理，就可以獲得相當大的利潤。「嘴巴」也是一樣。嘴巴亦即吃的東西，吃是人類的本能。因此，依猶太人來看，這比向女性展開攻擊還要簡單。方才提到過的藤田田先生也是以「嘴巴」作為銷售對象，而獲得成功的人之一。

2・華僑的經商法

一、這就是成為富翁的條件

如果有人問我：「什麼是成為富翁的條件？」

我會毫不猶豫地回答：「貧窮。」

人在貧窮的時候，對錢的慾望當然會比平常一還要強烈，而且也會因此而湧現出很多靈感，同時展現出卓越的行動能力。華僑就是一個很好的例子。

經常有人說「華僑很會做生意」，這是有原因的。

以日本華僑的情況來講，他們因戰爭、天災或人口過剩而生活在困苦之中。因此，從十九世紀後半期起，他們就陸陸續續地離開祖國，前往外國尋找新天地。此時，他們當然是赤手空拳、身無長物地前往外國。但外國的生活情況並不如他們想像的那樣輕鬆，與祖國不同的艱苦生活，正在那裡等待著他們去品嚐。

首先，他們在外國無親無故，語言不通。身處異鄉由於是外國人的緣故，無法如願找到工作，甚至受到迫害和歧視，處於四面楚歌的狀態之中。此時，他們面臨了與本國人無法相比的重大障礙，但是這些障礙對於他們的成功卻有很大的貢獻。當時他們有一個自覺：「世上除了自己和錢之外，沒有人可以信賴。」因此，華僑不分晝夜的拚命工作。他們絞盡腦汁，不久就想出了謀求生存最好的方法，那就是所謂的「華僑經商法」。

換言之，他們那麼會做生意，原因是貧窮，而且經常有著「在無親無故的外國，是否真的能夠活下去？」的危機感。在第一章中，筆者曾經以蝗蟲為例，說明危機感如何讓蝗蟲發揮能力，人類也一樣，貧窮、不安、遭到迫害和歧視，使華僑成為那麼曾做生意的商人。

華僑存了一點錢之後，最先一定會去開飯館。

「新橋亭」的老闆吳寶祺先生的情況就是這樣。吳先生在一九三六年身無分文地來到日本。來到日本之後，他進入位於目黑的某家中餐館擔任廚師，在那裡磨練廚師的手藝。戰爭結束之後，他馬上在火災後的新橋遺址開了一家餐館，雖說是餐館，但卻是由臨時性的木板房改建而成的。不過，他經營得很成功。戰後沒多久，因為食物缺乏，所以生意興旺，客源不斷。

賺了錢之後，吳先生將這些錢當作資本，在新橋火車站前的黃金地段開設「新橋亭」，這家餐館生意更為鼎盛。吳先生在陌生的外國一個人獨自奮鬥致富，後來他還將經營的觸角伸向小鋼珠店和咖啡廳。最後，還在東京的正中心興建了大樓。

二、強烈的「願望」可以帶來巨大的成功

除此之外，在日本也有很多華僑從身無分文開始不斷地奮鬥，最後成為億萬富翁，其中特別著名的是日清食品的安藤百福先生。

他的座右銘是——「做生意不能和別人相同！要有創意，做別人沒做過的生意。」正如這句話所示，總之，安藤先生在戰後發明了泡麵——「雞肉麵」問市之後，馬上大受歡迎。如上所述，華僑都很會做生意。有人說，「華僑經手的事業從來不會倒閉」。

某家研究機構的報告證明了這一點，該研究機構從東京都內優秀的飯館中，再精選出經

營體質良好的前一百名飯館進行研究，結果發現有八成的飯館竟然都是由華僑所經營的，而且都是不會倒閉的商店。

如上所述，華僑經商法不得不讓我們覺得驚歎。而貧窮和在異鄉的不安等危機感，是促使他們成功的原動力。華僑原本也不是那麼會做生意，證據是同樣是中國人，在中國本土的中國人和在外國的中國人（附帶一提，所謂華僑是被迫離開祖國，前往國外生活的中國人）做生意的技巧簡直是天壤之別。

關於這個問題，有位華僑這麼說道：

「在中國本土的中國人和日本人一樣，都不是很會做生意，不管做什麼生意都會失敗。事實上，我自己雖然今天獲得了某種程度的成功，但我在中國本土時也是三再地失敗。然而，在我來到日本之後，卻沒有失敗過。我想不同點在於心態上的不同。換言之，在中國本土時，有父母，有兄弟，有親戚朋友，所以即使不那麼拚命工作，還是能夠生存下來。

「然而，一到了國外就不是這樣，情況完全改變。除了自己之外，沒有人可以依賴。『在外國是否能夠生存下來』的不安感經常壓在心頭。因此，當然就會拼死拼活地工作和思考未來的方向，結果不知不覺就變得很會做生意，也因此而發了財。」

三、貧困是發揮能力的引爆劑

「貧困是發揮能力的引爆劑」這句話真的是富有啟發性的「金玉良言」。順便提一下，華僑有不少座右銘，這些座右銘或許藏著「華僑經商法」的祕密，筆者大致整理於後——

1. 貫徹實效主義，絕不擺排場。
2. 不重視外表，一心一意地賺錢。
3. 錢要花在刀口上，絕對不浪費金錢。
4. 雖然對金錢的支出必須斤斤計較，但在緊要關頭還是可以大把大把地花。
5. 必須富有創意，做別人不做的生意。
6. 雖然必須獲得別人的信賴，但不可太相信別人。
7. 確實地收集資訊，而且必須透過自己的眼睛來確認。

另一方面，在日本的韓國人走的路線大致與華僑相同。他們幾乎也都和華僑一樣，在陌生的國度中遭到迫害和歧視，且生活極為貧困。但他們把痛苦的經驗當作「能量」，而終於獲得今天這樣的成功。

諸如此類，逆境、危機感，尤其是貧窮，是喚來財運的最大引爆劑和原動力。因此，就算你現在處於貧窮之中，也沒有必要悲歎度日。不僅如此還應該覺得很高興才對。

朝日新聞的記者，曾經問過卡西歐計算機董事長木堅尾忠雄先生：

「你能夠獲得今天這樣的成功，究竟有什麼祕訣？」

木堅尾先生立刻回答：

「那還用說，當然是貧窮。」

另外，他也曾經追懷往事地說道：

「我覺得貧窮是我父母親留給我的最大財產。

「因為貧窮，我才會發奮圖強，努力向上。我之所以會赤手空拳地發展事業，也是想要掙脫貧困。因此，我以前經常想的是，希望能夠好好地過生活，好好的吃一頓……」

卡西歐公司的董事長也是以貧窮為原動力而創立公司，最後還發展為東京證券交易所的上市公司。貧窮果真是成為富翁的一個重大因素，如上所敘述，貧窮是富翁的起點。

3・成為億萬富翁的「資格」

一、財運不存在於安全的地方

你是擁有挑戰精神的人？還是喜歡規避危險，尋求安全的人？

事實上，「挑戰精神」是喚來財運不可欠缺的條件。

具有挑戰精神，當然會伴隨著危險。可是試想看看，賺錢本來就含有一種賭博性質，自然免不了會有風險。因此，如果追求安全，當然就不會有財運的存在，這是想要成為有錢人的人，必須要瞭解的一點。

居住於鳥取縣西伯郡淀江町的牙醫師船木匡先生（五十二歲），於一九八五年六月二日至八月十五日，為期兩個半月，搭乘船齡十年的遊艇（長七・七公尺，兩噸重）一個人橫渡太平洋。

船木先生的父親在他中學二年級時，因為疲勞過度去世，而母親也在三年前因為車禍而撒手人寰。船木先生決定一個人去旅行，就是在那個時候。他在門口懸掛「本日休診」的牌子，就隻身從日本開船出海，駛向九千公里外的舊金山。

可是，駕駛遊艇橫越太平洋的冒險，對開遊艇有十二年經驗的船木先生來講，也不是件容易的事，而且還伴隨著超乎想像的艱苦與恐懼感。

他在海上遭遇大浪與強風，掀起的波浪將近十公尺高，最大風速三十公尺，船身被風浪拍打得扭曲變形，接著騰空而起，隨之船頭朝下掉落下來，遊艇就像樹葉一般，在波浪之間載沈載浮。船木先生在狹窄的船艙內前後左右地四處亂撞。他死命地抱住船艙內的柱子，手上緊握著唸珠，向神佛祈禱。進入暴風圈之後，連想打個盹都不行，一天勉強只能睡一個鐘頭。無線電當然是不通，這種情況有時要持續一個禮拜。

不知有多少次在早上醒過來時，心想：「啊！今天還活著。」

船木先生曾在《加油！我的85》這篇文章中寫著：

六月二十四日——今天嘩啦嘩啦不停地下著雨，好像日本的梅雨季節，總覺得心情不是很好。

七月四日——我通過了第二次世界大戰時，日美爆發海戰的中途島北方。默哀。

七月九日——在無風狀態之下，漂浮了二十四個小時，什麼方向都不想前往。無所事事。

七月十五日——昨晚夢見媽媽，醒過來好幾次。海浪洶湧起來。

七月十九日——海豚家族游了過來又逃走。午後，信天翁來玩耍。

七月二十日——夜光蟲（譯註：原生動物門鞭毛蟲綱的單細胞動物，體呈球形，膠狀透明，群集海中，夜間發光）發著光，波浪看起來像似一道道的光芒。船一邊驅散著夜光蟲，一邊向前進。

八月十五日那一天，終於看到了高掛於薄霧中的金門大橋。剎那間，船木先生不由得大叫起來：「成功了！成功了！這是美國，我終於成功地橫越了太平洋！」

這次橫越太平洋，船木先生裝載了米、味噌和蔬菜汁等一百二十天份的糧食之後才出航，但實際上只吃了四十天份的糧食。返回日本時，船木先生的太太感到很奇怪地問：「特地裝的食物，為什麼沒吃？」

船木先生當時的回答是：

「因為我在船上時，總是想著不知道明天會發生什麼情況？當時我很後悔，心想至少應該帶足半年的糧食才行。」

二、要經常擁有挑戰的精神

儘管如此，這還是一件非常偉大的事。以母親的去世為契機，船木先生隻身橫越太平洋。正如方才所提到的那樣，那種與大自然博鬥的艱辛與恐懼，危險必然是超乎我們所能想像之外。

當然，世上有很多人所從事的冒險要比船木先生來得壯烈。但是，船木先生並不是一位冒險家。他只是一介市井小民，而且他主要的工作是牙科醫生。事實上，筆者感到驚訝和佩服的，就在這個地方。

換言之，雖然他從事牙醫這種收入不錯的工作，但他卻能夠拋棄一切，步上冒險之旅。

這一點讓我感受到他無與倫比的男子氣概。

當然，我並非特別看重醫生，也並沒有想要強調，「能夠拋棄此行業的人，具有男子漢的勇氣。」

但一般人越是擁有收入不錯的工作，就越保守，想要緊抱著金飯碗的心情就越強烈。因此，「本日休診」的牌子懸掛數個月，而去從事橫越太平洋這種冒險的行為，或許可以說是「不合情理」的。然而，船木先生卻斷然地進行了海上之旅。想要鼓掌為船木先生送行的人，當然不會只有我一個人而已，想必也有很多人有著和我相同的心情。

這個故事或許和財運沒有直接關係。（其實不然，後來邀請船木先生去演講的人絡繹不絕。另外，就連他的本業牙醫也因為這次的冒險旅行一躍成名，許多患者蜂擁而至，生意非常興旺……）說實在話，挑戰精神、冒險心都直接或間接與以後的財運有著密切的關係。

提到海上之旅，發現美洲大陸的哥倫布情況也相同。他確信義大利天文學家托斯卡奈利（生於一三九七年至一四八二年，他除了是天文學家之外，還是數學家、地理學家和醫師）的學說：「地球是圓的，不是平的，所以只要往西邊前去，一定可以到達東方。」

哥倫布原本就精通天文學與數學，他為了證明托斯卡奈利的學說而擬定計劃，並且將計劃告訴很多人。但是要找到資助者並不是一件那麼容易的事，每當他提出這個計劃時，就遭到別人的嘲笑和拒絕。後來，好不容易才找到一位實力雄厚的資助者，那個人就是西班牙的伊莎貝拉女王。

「女王陛下！我不曉得陛下您有什麼樣的看法，但事實上地球不是平的，而是圓的。因此為只要沿著大西洋一直往西邊行駛，一定可以到達東方的印度國，而且也可以到達黃金之國的日本！」哥倫布口沫橫飛地說著。

伊莎貝拉女王被哥倫布的熱誠說服，於是，就對哥倫布下了一道指示。

就這樣，哥倫布於一四九二年五月率領一百二十名船員，興高采烈地從帕羅斯港出發，往東方國印度直駛而去。在起程之後第七十天，亦即一四九二年八月三日，意外地發現了美洲大陸。哥倫布當時雙手高高的舉著西班牙的王旗，鄭重的宣布：「這個新大陸是西班牙的領土。」

一四九三年三月十五日，哥倫布的大船隊自出航以來，經過兩百二十幾天，總算凱旋地回到帕羅斯港。他這個世紀大發現轟動了整個歐洲，而哥倫布也從這次的冒險中喚來了巨大的財運。

三、財運和成功都端賴於挑戰的精神

關於冒險心，經營手腕非常高明，現在擁有十四家公司的經濟學博士愛爾賓‧斐特南先生曾堅決地說道：「發財和在各個領域中的成功，都免不了需要冒險。」

以前，他曾經雇用一個看似非常具有銷售能力的男子。

那名男子說服客人的技巧一流，而且對自己的商品具有相當大的自信，因此即使是很難纏的客戶，他也都能夠一個一個地擺平。在進入公司不到幾個禮拜，就取得了令人嘖嘖稱奇的業績。斐特南先生破例給他八百美元作為那個禮拜的報酬，那名男子當天自然也是興高采烈地回家。

然而，第二個星期，斐特南對於那名男子所說的話卻感到萬分震驚。

那名男子竟然對他說：

「董事長，我昨夜和太太談了一個晚上，我覺得上個禮拜的業績是碰運氣得來的，我不認為好運會持續下去，我太太也哭得死去活來，說萬一這個禮拜連一樁生意都做不成的話，那該怎麼辦？因此，我們商量的結果是希望公司能夠給我固定的薪水，一個禮拜只要一百五十美元就可以了，而不要像以前那樣採取憑業績給獎金的方式。當然，我今後也會像上個禮拜那樣拚命地工作，畢竟我是個有家庭的人，最好能夠過著穩定的生活……」

斐特南先生聽到對方這段話之後，便斬釘截鐵地說道：

「你已經被解雇了！一個人如果無法相信自己已經證明過的能力，總有一天一定會失敗的。這種人只會想得過且過，而不會想積極地度過每一天。事實上，你具備了能夠保障自己生活的所有能力，但為了『穩定』，卻只要求微薄的報酬。

「能夠保障你生活的，就是你自己的能力。換言之，就是你的經驗和素質。除此之外，其他的事情根本無須考慮，不可以迷惑於退休後那少得可憐的退休金。有時必須深入思考，試著冒險看看，這樣遠比莽撞行事的成功率來得高。」

當代最受歡迎的作家渡邊淳一先生，以前在札幌某大學附屬醫院擔任外科醫師。但他拋棄這麼穩定且收入不錯的工作，為了成為一名作家而前往東京冒險，現在他已經奠定了大作家這個固若磐石的地位。

姑且不論小成功或小財運，越是想要獲得大成功或大財運，就越不可欠缺挑戰的精神。「不入虎穴，焉得虎子」這句著名的金玉良言，說明的正是這一點。

四、要瞭解冒險和魯莽的差異

這裡還有一點，希望各位要注意。

那就是，雖說為了喚來財運需要有挑戰精神，但挑戰精神絕對不是魯莽冒失的。

乍看之下，挑戰精神和魯莽冒失給人的感受似乎相同，但本質上卻有天壤之別。財神爺絕對不會對怯弱者展露笑容。同樣的，也不曾對魯莽者露出微笑。

美國一位新聞記者，同時也是命運研究家馬克斯・康沙先生說道：

「將一生的積蓄投入可能失去一切的事業，就是魯莽冒失。即使沒有經驗，而且心懷不安，但卻向有發展性的工作挑戰，則是勇敢的行為。」

這句話，可以說是至理名言。

有一個名叫鮑爾・格第的人，他投資石油事業，一夕之間成為億萬富翁。

幸運的人似乎大部分都是如此。鮑爾・格第在年輕時，也度過了充滿挫折的歲月。經過數次挫折後，他在以五百美元低價買來的礦區內挖到了石油。該礦區一天可以生產七千桶石油，因而讓他一下子就成為億萬富翁。

當時他周遭的人都以酸葡萄的心理說道：「鮑爾真是幸運。」可是，這與中彩券的幸運不一樣。由於他曾經做過與幸運相應的工作，能夠獲得幸運可以說是極為理所當然的事。

實際上，鑽孔探採石油，據說鑽一千孔能冒出石油的只有兩百孔。而且，其中有開採價值的僅為五孔。換言之，機率只有百分之五，而且探採石油的經費，據說挖一孔需要十億日圓，所以投資石油事業，可說是處在一連串非常激烈的戰爭之中。如果沒有資金和勇氣（冒險心），就不會有收穫。從這層意義上來講，鮑爾・格第是具有成為億萬富翁的資格。

或許有人會這麼說：「不，他不過是因為幸運才挖到石油，參與成功機率那麼低的事業，是不是太過魯莽了？」

探採石油確實是有點投機，這是我們無法否認的一點。事實上，當時的石油探採業者也經常有「說不定下一孔，就可以冒出石油」的想法。從這層意義上來看，石油探採業者或許正如方才那人所說的那樣。但是，鮑爾・格第的情況卻不一樣，因為當時探採石油的人幾乎不重視「地質學」，而是以靠從小對當地地理情況的知識來挖掘石油為主流。因此，提出地質學的觀點只會遭人冷嘲熱諷而已。

然而，生性聰明的鮑爾・格第除了對當地地理情況的知識之外，他也非常努力地在學習地質學，而且在聆聽專家的意見或盡可能收集資料之後，才選定礦區來挖掘。結果，他在以五百美元這麼低的價格買來的礦區內挖到石油，而抱住幸運女神的大腿。從這裡我們就可以看出，鮑爾·格第除了冒險心之外，對於自己的事業經營有多麼地慎重。換言之，他非常瞭解冒險和魯莽之間的不同。

4・把「錢流」引到自己的面前

一、錢會流入重視錢的人那裡

你通常是如何處理金錢的呢？

換句話說，你是把錢花在刀口上呢？還是隨意將錢揮霍出去？如果是前者，這種習慣很好。但萬一是後者的話，你就必須趕快改正過來。因為錢（財運）有一個特質，就是會流向重視錢的人那裡。因此，重視錢的人就是屬於「富翁的類型」，浪費錢的人就是屬於「貧窮的類型」。

假設這裡有一百萬元，同樣是一百萬元，富翁類型的人和貧窮類型的人，使用的方法自然不同。

富翁類型的人總是非常慎重地處理金錢，絕對會把錢花在刀口上。具體來講，富翁類型的人首先會把一百萬元原封不動地存入銀行，然後仔細思考最好的用途，在想到了最好的用途之後，就會毫不猶豫地使用金錢。要是還沒有想到用途，也不會把錢領出來，而會辦理定期儲存滋生利息，哪怕只是一點點也無所謂，等待下次機會的來臨（最近的利息很低，或許把錢存到銀行孳息已沒什麼意義，除了安全）。

筆者這麼說，可能有人會認為，「靠著定期儲存滋生的利息，格局未免太小了吧！」很遺憾，會說這種話的人，通常是屬於無法成為富翁類型的人，必須馬上改變想法才行。相反的，貧窮類型的人同樣給他一百萬元，他會毫不考慮地把錢花掉，而且還說大話：「我是今朝有酒今朝醉的人。」從這家有坐檯小姐的酒店喝到另一家，大肆揮霍，毫不猶豫地就給酒店小姐一萬元的小費。從旁人的眼光看來，實在非常有體面。大家也會認為他是個出手大方，生性慷慨的人。

可是這種人真的就是豁達大度，生性慷慨的人嗎？

答案是——ＮＯ！

因為，他們是不考慮後果，只會亂花錢，不曾把錢花在刀口上的人。這種用錢方式絕對無法喚來財運。正如前面所述，錢僅流向珍惜金錢的人那裡。所以，絕對不會聚集於隨便花錢的人的跟前。

二、小氣和守財奴不同

為了不讓讀者有所誤解，我在這裡事先聲明。我不是什麼事都小氣、一味存錢的人。平常不太用錢，目的是在於儲蓄金錢，以備緊急的時刻使用，並且等待適當的時機和莫大機會的來臨。

機會來臨時，自然應該立即緊緊抓住，把金錢投資下去。當然啦！對於機會是真是假，也必須充分加以研究才行。

在重要的時刻來臨時，如果平常隨便亂花錢，就沒有錢可以投資。此時不但不能喚來財運，反而會被窮神纏身。

舉個例子來講，一旦戰爭爆發，戰鬥機想要朝敵方陣地飛去時，如果沒有石油，就飛不了。另外，想要開砲轟炸敵軍，如果沒有砲彈的話，也無法射擊。在這種情況之下，會立即遭到敵軍所攻擊，而沒有獲勝的希望。

同樣的道理，有錢人可以說都是小氣的人。

看了有錢人的用錢方式，有不少人確實會認為「有錢人可以說都是小氣的人」。可是，他們並非生性小氣（雖然有些富翁是極為小氣、貪得無厭的人），只是慎重地在使用金錢而已。以三餐來講，也是如此。除了部分的富翁之外，他們的三餐都很簡樸，令人覺得訝異。因為他們知道美食對身體無益，有些富翁則是喜歡簡單的飲食。因此，他們認為一點也不需要特意花昂貴的金錢，飽嚐以有害健康的高膽固醇為主的奢華大餐。

像這樣，他們非常冷靜而合理地用錢。但正如筆者強調過的那樣，他們不是真正的小氣鬼，因為他們在需要提供物品或需要花錢時，不管多少錢都願意拿出來。相對地，真正的小氣鬼是「守財奴」，守財奴是一毛不拔的人，會受到世人所厭惡，也是理所當然的事。

關西三小氣鬼之一，目前是「大日本吝嗇教」教祖的吉本晴彥先生，自稱為「小氣本吝嗇彥」，可見他有多麼小氣。不過，他卻說道：

「雖然我是非常吝嗇的人，但卻不是個守財奴。」

吉本晴彥先生還這麼指出：「我所謂的小氣，指的是珍惜有價值的東西；例如，金錢、物品、健康、時間，以及自由、勞動的價值、心靈等一切有價值之物。」

證據是他開的是美國克萊斯勒的大車。

看到吉本晴彥先生開著這種高級的進口車到處逛來逛去的朋友們，都一致地說道：

「吉本不是小氣鬼，因為他花了那麼多錢買一輛車子在開。」

對於朋友的這番說詞，吉本先生總是提出反駁。

「你們誤會了，我是重視寶貴的生命，不管花多少錢都願意。開美國車是因為萬一發生車禍時，可以保住這條性命，我真正想開的是戰車或垃圾車。但在現實生活中無法做到這一點，所以我才開現在這輛車。我經過各方面的調查之後，知道現在開的這輛車，四個車門的側面都鑲著鋼板，發生小車禍也不在乎。」

三、捨棄一切虛榮心

換言之，吉本先生的想法可能是這樣的——

「對我來講，駕駛比較便宜的國產車就已經足夠了，但想到發生車禍時，情況就不是那樣了。因為便宜的國產車在發生車禍時，車身固然不用說，連車內的人都會遭到撞擊而身負重傷。受了重傷就要住院一、兩個月，在住院期間就必須停止生產（工作），這樣損失反而更大。與其如此，不如多花一點錢買堅固的美國車，萬一發生車禍時，只要不是大車禍，車內的人都會比較安全。花昂貴的錢買美國車，算是比較划得來。」

看來吉本先生確實不是真正的小氣鬼，而是實事求是的人。那位小氣本吝嗇彥所領導的「大日本吝嗇教」教義、教典和經文，如下所述——

⊙教義

培養重視金錢、物品和一切有價值之物的心靈。

⊙教典

1．擁有小氣的目的。

2．捨棄一切虛榮心。

3．把錢花在刀口上，不任意揮霍錢財。

4．不帶給他人困擾。

5．要常要有幽默的精神。

⊙經文

太可惜，太可惜，太可惜！

這真是非常獨特的以吝嗇精神為依據的合理教義和教典。而筆者認為其中的第三點「把錢花在刀口上，不任意揮霍錢財」和第二點「捨棄一切虛榮心」，是喚來財運非常重要的因素。因為人如果無法徹底貫徹實利主義，最後往往會愛慕虛榮，講究排場，而眼睜睜地讓財神爺逃走。而且最要不得的是，幾乎所有的人讓財神爺逃走之後，窮神就會纏上他們。

在東京經營建築業的川先生就是一個典型的例子。

川先生在日本經濟高度成長的一九六四年創立公司，乘著景氣繁榮的浪潮，企業經營得非常順利，年營業額約達二十億。以建築業來講，不算多。但正如川先生所說的，「做生意必須做不花費人事費的生意才行」那樣。由於川先生把人事費用抑制到最低限度，所以在當時著實賺了不少錢。然而，一九七三年發生了石油危機，建築材料大為昂貴起來，而且不是一般的漲價而已，一下子就貴了兩、三倍。川先生的公司因為是屬於中小企業，財力並不是很雄厚，從這個時候起，在經營方面漸漸走下坡。

偏巧在這個時候，川先生的公司即將屆滿創立十週年。而川先生很早就告訴他的朋友說：「在公司創立十週年那一天，我會在一流的大飯店舉行盛大的宴會。」當時要是能夠向大家說明因為石油危機的關係，在經營上有困難，打算取消宴會的話，那也就罷了。但重視面子的川先生卻說：「一定要遵守和別人的約定。」便硬著頭皮向東京都內一流的大飯店租借場地，舉行了盛大的紀念酒會。

數個月後，三百萬日圓的賬單寄到川先生的公司。如果川先生說：「現在手頭比較緊，能不能緩一緩？」的話，那也就罷了。可是川先生還是死要面子，當時立刻開了一張支票，然後再慌慌張張地去籌錢。但這件事情卻對日後產生影響，川先生終於在某個月跳票了。

從這個故事得知，愛慕虛榮有百害而無一利，一點利益也沒有。因此，希望聰明的你今後要捨棄一切虛榮心，徹底地貫徹「實利主義」。

5・「潛意識」——讓你獲得無限的財富

一、熱忱感動人心，而且可以喚來財運

一八八七年十二月，希爾頓誕生民新墨西哥州的鄉下（一九七九年去世）。眾所周知，希爾頓從身無分文的狀態下開始奮鬥，建立了遍佈世界各地的連鎖大飯店，成為白手起家的大富豪。

希爾頓的父親是來自挪威的移民，二十六歲時決心「在美國西部開創新事業」，而前往新墨西哥州。康拉德・希爾頓是他的長子，出生於里奧格蘭德貧寒的聖安東尼奧村，並且在那裡長大成人。

自移民至新墨西哥後，希爾頓的父親生意也蒸蒸日上，全家人的生活也逐漸富裕起來。

但一九〇二年，紐約銀行突然發生擠兌風潮，希爾頓的父親受到影響，立即陷入破產邊緣。

當時希爾頓原本準備進入大學就讀，但因為家庭經濟發生恐慌，不但沒辦法繼續升學，反而因為自己是長子，必須工作來負擔全家人的生計。

後來，希爾頓拼死拼活地工作，也擔任議員和銀行家，算是取得成功。但一九一四年爆發了第一次世界大戰，他成為銀行家的夢想也隨之破碎。三十一歲時，帶著五千美元隻身前往德克薩斯州。

當時德克薩斯州掀起了一陣石油熱潮。因此，來到德克薩斯州的人群多得出乎希爾頓的意料之外。希爾頓雖然抵達了旅館，但旅館爆滿，沒有房間可住，那天只好睡在大廳的長板凳上。當時充滿雄心壯志的希爾頓心想：「旅館業真的那麼好賺嗎？好！那麼我也來做看看。」（希爾頓住在聖安東尼奧時，父親曾經營過小木屋旅館，但當時並不怎麼賺錢。）

希爾頓野心勃勃地四處籌集資金，首先向媽媽借了五千美元，又向朋友和當地的石油業者各借了五千美元，自己再湊了五千美元之後，就向銀行交涉。起初銀行對希爾頓提出的貸款申請露出為難的神色。可是後來銀行方面被希爾頓的熱忱所感動，不久就開出「以旅館擔保」的條件，答應貸四萬美元給希爾頓。

於是，希爾頓終於成為芝加哥「摩布利旅館」的老闆，而踏出旅館大王的第一步。

希爾頓當時曾經深入地研究過，「要怎樣做才能夠把旅館業做得有聲有色？」結果，構思出「Minimax」這種獨特的經營方針。

所謂「Minimax」，要點是向客人收取最少的費用，提供最大的服務。

附帶一提——希爾頓為了實施「Minimax」的經營方針，首先減少無謂的空間浪費，將餐廳關閉，改造成幾間小房間。並將前檯分隔成一半，當作販賣部使用，就連自己的寢室也作為客房。

希爾頓劃時代（以當時的情況來講）的經營方針，果然一舉成功。不久，繼芝加哥之後，又在達拉斯和霍特華斯興建旅館。並於一九二五年八月，在德克薩斯州的達拉斯成功地興建了最新式的第一棟希爾頓大飯店，完成了多年來的心願。當時的工程費總共花了一百萬美元，但此時希爾頓並沒有那麼多錢，他自己的資金僅有十萬美元而已。

然而，聰明的希爾頓在繁華的街道，人潮最多的地方租借建地，再以租地權作為擔保，向銀行貸款五十萬美元。接著，抵押房子向朋友借了二十萬美元，剩下的部分以「後付的方式」付給建設公司，就這樣籌出一百萬美元。

不久，戰爭宣告結束，美國進入大繁榮時期之後，希爾頓稍微改變一下經營方針，也就是說，擁有經營權的希爾頓與擁有建築物權的資本家採取所謂的「共同經營方式」。因此，希爾頓成功地在舊金山、芝加哥、洛杉磯、紐約等美國大都市，一個接一個地興建了豪華大飯店。

另外，希爾頓從一九四二年開始，在墨西哥經營「帕拉西歐希爾頓」（國外第一家希爾頓大飯店）。以此為契機，希爾頓在全世界擴展連鎖大飯店，終於完成了建立旅館王國，獲得「旅館大王」之名的心願。

希爾頓以他的熱誠感動人心，喚來了財運，而且以堅強的信念獲得了機會。機會不是別人給你的，而是由自己創造出來的。

戴爾・卡耐基曾經說過：

「任何人都不會與成功無緣，不過大多數的人都沒能創造機會。」

二、要改變一貫的態度

詹姆士・培尼於一九七六年，出生於美國密蘇里州貧窮的家庭，父親非常嚴厲，培尼在八歲的時候他父親就告訴他：「自己要的東西，自己賺錢去買。」

有一次，培尼用他幫人跑腿所存下來的錢買了一隻小豬。而小豬的食物，則是他以幫鄰居打掃為條件，請他們將吃剩的食物給他用來餵小豬。不久，小豬漸漸長大，也能生小豬，培尼因而獲利。然而，附近的人都向他爸爸訴苦：「培尼養的豬臭得讓人受不了。」他爸爸就告訴培尼說：「不能只顧自己的方便而帶給別人麻煩！」並且要培尼停止養豬。

另外，培尼在十四歲時曾經學他爸爸在田裡種西瓜，他種出來的西瓜非常大。當時鎮上正在舉行博覽會，培尼立刻搬運至博覽會場，擺起貨攤開始銷售。不知道是不是因為來參觀博覽會的人群非常多的緣故，培尼的西瓜銷路很好。

然而，他爸爸來到這裡再次這麼說道：「培尼，你不能在這裡賣西瓜。為了舉行這次的博覽會，鎮上的人不知道花了多少錢，而你沒出分文錢卻在這裡擺攤位賺錢，這樣別人就會少賺錢。不能只顧自己的方便而帶給別人麻煩！」

他年少時期的體驗，建立了日後「快樂與大家共享」這種經營理念的基礎，並且終生奉行不渝。

培尼在十九歲時，進入某雜貨店當店員。由於他非常賣力地工作，老闆一直不斷地給他加薪。但就在這個時候，他的身體卻累壞了，不得不離職。後來他恢復了健康，就自行創業開了一家肉舖，但因為經驗不足而徹底失敗。在無可奈何之下，培尼只好又回去雜貨店當店員。至此，他首次知道「連鎖店」的存在。

到了二十四歲時，培尼建議雜貨店的老闆開連鎖店，並且交由他獨立經營。於是，培尼立即向鎮上的銀行致意，說明自己即將開店的意旨。

然而，當時的銀行出納員卻說了一句讓他大感意外的話：

「培尼，不是我要潑你冷水……你最好取消開店的念頭，你在鎮上開店絕對不會成功。因為鎮上大部分的居民都是礦工，公司發給他們票券代替現金，購買東西時完全使用票券交易，零售店收了票券之後，月底再向礦業公司兌換現金。因此，現金買賣的生意在鎮上是做不起來的……」

對於出納員這句既非親切也非惡意的話，培尼斬釘截鐵地說道：

「懷華先生，我並不這麼認為。我會讓你看看，我是怎樣用現金交易的方式使我的店生意興隆起來！而且，我一定會把現金存在貴銀行。」

事實上，培尼當時就擁有一個劃時代的構想，那個構想就是現在的「郵寄廣告」。

也就是說，培尼將開店的邀請函寄給鎮上五百位家庭主婦。這些過去很少收到信件的家庭主婦，看到措詞那麼誠摯的邀請函，感到又驚訝又高興。邀請函上面明白地記載著商品名稱和價格，而且培尼還寫道：「我的商店是以『更便宜的價格提供優良的商品』為座右銘，一定可以讓大家節省開支，這是我和各位的約定。」

因此，在還沒有開店之前，培尼的商店就已經在鎮上轟動起來。到了開店那一天，果然從一大早客人就蜂擁而至，店內整天都擠滿了客人，生意非常興旺。

翌日，培尼前往銀行，把現金拿到出納員懷華先生的面前說道：「這是我昨天的營業額，我想存入銀行。」懷華先生一看，不由得看傻了眼。

優良的商品和低廉的價格讓鎮上的人趨之若鶩，他們不知從哪裡籌來現金，紛紛進入培尼的商店採買物品。就這樣，商店的營業額與日俱增。後來雖然培尼也遭遇到多次的試煉，但他都能巧妙地超越，連鎖店一家接一家地開。最後，烽火遍地成功的在全美各地開了一千六百四十三家連鎖店。

培尼的成功竟然是得自年少時「站在別人的立場來思考」的教訓，該教訓反映在他日後「開店是讓大家高興」的經營理念上，而與成功產生密切的關聯。

這個理念與約瑟夫・墨菲所說的話有雷同之處，他那句話是這樣說的：

「別忘了！感謝的心經常讓人接近宇宙無限的財富。」

從小不斷烙印在心中的理念，會強烈地在潛意識中產生作用，而成為具有強大力量的信念，同時創造出巨大的財富。

三、將良好的種子栽種於潛意識之中

本章的開頭曾經介紹過「銀座的猶太商人」藤田田先生，我們再次請他出場。

藤田田先生出生於大阪，但他不是商人的兒子，而且他本人小時候根本就沒有打算要當一名商人。他從小就想當外交官，可是自從一個人告訴他說：「你說話有濃厚的大阪腔，絕對無法成為外交官。」之後，他便完全放棄了這個夢想，而決心當一名商人。

一九六一年，藤田先生從東大畢業之後，立即掛起「藤田商店」的招牌，踏出做為商人的第一步。而在一九七一年七月二十日，藤田先生與美國最大的漢堡連鎖店「麥當勞」簽約，當起了「日本麥當勞」的董事長兼總經理。

日本第一家麥當勞漢堡店在銀座三越的一樓開幕。當初，三越方面估計漢堡一天叫營業額頂多十萬日圓到二十萬日圓。不過，藤田先生卻認為一天可以銷售三十萬日圓。然而，開業之後，銷售成績令人大為吃驚，不要說是三十萬日圓，一天的營業額竟然創下一百萬日圓的紀錄。更令人驚訝的是，在開店後一年三個月的那天，一天的營業額竟高達兩百二十萬日圓，刷新了一家店鋪一天營業額的世界紀錄。

藤田先生自然是非常高興，於是乘勝追擊，在全國各地一家接一家地開起了連鎖店，一九八三年十二月底，全日本有四百家麥當勞連鎖店，那年的年營業額創下八百五十億日圓的成績。而在翌年，亦即一九八四年，年營業額突破了一千億日圓，創下了日本餐飲業史上前所未有的紀錄。藤田先生放棄了外交官的志向，選擇了商人之路，就這樣創造了巨大的財富，而獲得非常大的成功。

拿破崙・希爾說過：「潛意識與土壤肥沃的土地相同，如果不撒下優良的種子，就會雜草叢生，這一點必須牢記在心。」

藤田先生就是經常在潛意識中，不斷地撒下優良的種子。

不過，如果什麼都不做的話，就無法獲得巨大的財富。像藤田先生那樣掌握財運的人也在自己毫無察覺之下，實踐了達成願望的法則。

四、愛是勇氣和希望

一個猶太人，曾被德國人拘禁了三年多，之後，他被轉送到各個集中營，甚至還在著名的奧斯威辛待了幾個月，但是在那個惡劣的環境裡，他卻倖存了下來。這簡直是一個奇蹟。當後來有人問他是什麼原因才讓他得以活下來時，他說：「當然學會保護自己是必不可少的，但更重要的是心中的愛。促使我堅強的話了下來，愛是勇氣和希望啊！」

他說：「那時，我們每天只能吃二分之一盎斯的麵包和一丁點的麥片粉，許多人像豬一樣擠在一個個小房間裡，根本沒有什麼棉被之類的，我們只能用僅有的破衣服裹著睡覺，所謂的睡覺也往往是處在驚恐中。因為隨時都有尖銳的哨聲把我們驚醒，如果有人動作慢了些，就可能會被毫無理由的處決。有一天，天還未亮，我們便被驅趕著去工地。在那種生存環境裡我們每個人都很虛弱，我們艱難的工作著，在工地勞動時，我和一個瘦得皮包骨頭的人搭伴抬石塊，那個人輕輕地說了一句話，讓我感觸很大，他說：『妻子和孩子不知道在集中營裡怎麼樣了。真希望她們能過得好些，千萬不要像我們這樣。』

「這使我想起了自己的妻子，我們不能有太多的話語，但我們每個人都明白，我們都惦記著自己的親人，默默的思念著妻子，任何惡劣的環境都泯滅不了我們心中愛的火焰。我不經意的抬頭看著天空，星光已逐漸隱去，淡紅色的晨光開始從一片黑暗的烏雲後乍現。我依稀又看到了妻子的笑容，看到她對我說：要堅強的活下去……」

他就憑著這種「信念」，而走過了人生的惡運。

成功的人經常在心中樹立起隱藏著強大力量，名為「信念」的支柱，來展開行動。希望讀者也能經常在心中樹立起這根支柱！

肉眼看不到的財運，在碰到你的信念支柱時，就會改變流向，流到你那裡。

第四部

運用這種方法喚來成功！

Ⅰ・喚起種種奇蹟的成功哲學

一、憑著信念的力量獲得成功的拿破崙・希爾

一九〇八年，二十五歲的拿破崙・希爾在華盛頓喬治大學上學，並為一家雜誌社工作三天，這家雜誌社要他去採訪偉大的鋼鐵大王兼慈善家的安德魯・卡耐基先生，以便為一篇千字的報導。可是卡耐基非常看重希爾的品性和才華，便邀請希爾到他豪華的住宅，暢談了三天。他們每天一小時又一小時地討論成功的哲理問題。卡耐基闡述了十七條成功原則，以及如何把這些原則應用到生活中去爭取成功。希爾聽得眉飛色舞，十分欽佩。

卡耐基十分器重希爾的素質，認為他可能勝任發展他的成功哲理的任務，就提出兩個問題來考驗他。首先，卡耐基激勵他迅速回答，他是否願意用二十年的時間研究美國成功者的

成功哲理。希爾清理一下嗓子，只用十幾秒鐘，就做出了肯定的答覆。後來希爾才知道：這時卡耐基的手中握著一只碼錶，他在計算時間；如果回答超過了一分鐘，不能迅速做出決定，卡耐基就認為這個人不能擔當這項重任。

然後，卡耐基又提出更嚴峻的第二個問題：「在這二十年，你要自謀生計，除因公出差的費用外，我不能給你資助。你願意嗎？」

希爾說：「你要我擔當這樣重大的任務，你又這樣富裕，為什麼不能給我資助呢？」

卡耐基認為：用金錢資助一個人會毀壞這個人，這個人必須透過自我奮鬥才能發展才智，取得成功。希爾也同意了。這樣，卡耐基就把研究傳承成功哲理的重任交給了希爾。在這之前，卡耐基已經考驗過二百五十多位有才華的青年，但他們都未能獲選。

希爾說過：「我的伯父是百萬富翁，我的名字就是根據他的名字取的。他逝世時沒有給我留下任何遺產，我覺得我碰上了重大的失敗。但是後來我有理由感謝他未給我留下遺產，因為我靠自己的力量，透過我的主動精神，征服了貧窮，從而我就學會了如何教導別人征服貧窮的方法。」

在隨後的二十年中，前十年希爾直接在卡耐基的指導和幫助下，採訪了五百多位美國各界尚未著名和已經著名的成功者，特別是從貧困、卑微的境遇中崛起的成功者。希爾為什麼要用這麼久的時間呢？因為有些人，例如福特，起初還看不出他們的才能與成就，要觀察到他們成功的原則，還要用一段時間，加以驗證這個原則是否可以成立。

一九二八年希爾完成了劃時代的巨著《成功規律》，激勵千百萬人成了卓越的成功者。有的人慣於用物質形式來衡量事物的價值。因此，希爾只好說明他寫這部書只用了四個月，獲得了三百萬美元的稿酬。

希爾博士不僅觀察、研究、思考生活中的成功問題，而且投入到成功的實際中，參與成功的實踐：創辦成功學學習班、函授班，而且用七年多的時間到全美各地發表公開演講。他不僅採訪成功者，而且經常接觸陷入困境的人們，為他們排難解憂；這就大大豐富了他的生活，充實了他的理論。所以，他的著作雖然基本原理是相同的，都能各具特色，提出不同的例證、觀念，從不同的角度闡明成功原則。

由於西維吉尼亞參議員任道夫的推薦，希爾先後擔任了美國兩位總統——伍德羅・威爾遜和富蘭克林・羅斯福——的顧問。一九三五年希爾擔任羅斯福總統的顧問時，開始著作《思考致富》，這部世界名著出版於一九三七年，長期暢銷不衰，擁有一千多萬讀者。

希爾由於做了卓有成效的工作，一九五七年獲西維吉尼亞州塞倫市塞倫大學授予的榮譽文學博士學位。

二、應瞭解「思考是物體」的原理

上述的人物都是各行各業的翹楚，希爾在那本書的開場白中說道：「思考是具體的物體。正因為如此，思考在與忍耐力或強烈的願望融合在一起，朝成功開始發揮作用時，思考才能發揮具有強烈能量之物體的性質。」接著，他又透過下述的話，殷切地述說思考的重要以及擁有願望的重要性。

在此，拿破崙・希爾舉出一個名叫耶德溫・G・邦茲的人來說明。這名男子很久以前就夢想（思考）與愛迪生共同經營事業，並且衷心希望這個夢想能夠實現（擁有願望）。但對方是偉大的發明家愛迪生，愛迪生願不願意接納自己還是個問題，這一點經常讓邦茲感到不安。因此，他根本不曉得如何著手實現自己的願望。不僅如此，當時邦茲還有兩大難題。第一，邦茲與愛迪生素未謀面，當然也沒有人可以幫他介紹。第二，愛迪生的研究所位於新澤西州的伊斯特歐雷恩吉，邦茲連前往那裡的車費都沒有。

然而，邦茲克服了這些難關，有一天，他終於見到了愛迪生。

當他抵達愛迪生的研究所時，開口的第一句話是：

「愛迪生先生，我從很遠的地方來到這裡，我的目的是想和你共同經營事業。」

當愛迪生看到有如流浪漢的邦茲時，著實嚇了一跳，但他從邦茲的表情中看出他具有一旦下定決心就會努力去達成的性格，因此決定給邦茲一個機會。於是，邦茲終於如願以償地在愛迪生的研究所裡當起愛迪生的助手來。後來，有一段很長的期間，工作的進展不如邦茲預期的那樣。可是，邦茲絕不放棄當初的想法和願望。

他在內心堅決地發誓：「縱使豁出最後殘存的生命，也一定要和愛迪生共同經營事業。」而且他打從心裡相信自己一定可以完成這個心願。

有一天，機會終於降臨到他身上了。那時，愛迪生已經研發出「口述錄音器」，但不知何故，愛迪生研究所的業務員們對這種新產品卻不太感興趣。此時，邦茲心中暗自高興：「太好了！機會來了。」邦茲立即向愛迪生提出由他推銷「口述錄音器」的要求，愛迪生當然是滿口答應。

結果，「口述錄音器」的銷路奇佳。最後，愛迪生將美國全境的銷售權委託給邦茲。於是邦茲很快就獲得了巨大的財富，而且正如他當初的心願那樣，他也成為和愛迪生共同經管事業的夥伴。

三、亨利・福特的成功法

希爾說明邦茲的成功，是因為他不斷地集中思考，而且和忍耐力、行動力融合在一起，發揮思考作為擁有強大能量之物體的性質，因而獲得成功。

關於「思考」，希爾作了如下的補充：「人類腦中所想的事物稱為思考，而思考本身顯然是一個『物體』，擁有分子、體積、重量，而且擁有能量……」

這麼說來，汽車大王亨利・福特在思考方面，大致上與希爾的意見相同。亨利・福特的意思是，「只要長時間集中心力去思考，使願望實現的所有因素就會聚集過來。」

不過，亨利・福特是把「思考」換成「思念」這個字眼……

接下來，筆者就稍微介紹一下他曾經說過的一段話：

只要集中思念，就會形成中心磁力，將有智慧的小生命體吸引過來。比方說，集中思念在某事業時，思念的磁力就會把成就事業的所有因素聚集過來。對於自己所想要的事物，只要不斷而強烈地思念，就可以將該事物吸引過來。

我們嘗試進行各種事業卻未能成功，是因為我們並未擁有強烈的熱誠，也沒有不間斷地想著心中想要的事物。如果想要將自己希望獲得的事物吸引過來，就不可中斷心中的思念，而且必須要有耐心地使希望和熱誠持續下去。不可性急，也不能很快就覺得失望。若要吸引使事業成功的適當條件，有時需要三、四個月，有時甚至需要六個月。

總之，如果長期而持續性地集中思念，就可以形成將必要事物吸引過來的磁力。換言之，使該事物成就的必要因素——有智慧的生命體，就會往那個人的周圍集中過來，自然地為成就該事物而工作。總之，持續不斷地集中心念於有志於完成的事物，光是這樣，事物本身就會自動完成。因為心念是事物的實體，也可以說心念就是事物。

綜合兩者的說法，可以瞭解人類的想法是一種力量，只要強烈地想念，就可以產生不可思議的靈妙力量，而這股力量會推動人類去達成自己的心願。這是一種原理，也就是說，人類的念力會輸入大宇宙中，而大宇宙則將祂接收到的念力輸出至現實世界。因此，只要人不斷地集中意念去想，願望不久後就會實現。

總歸一句話，若想實現願望，喚來成功的運氣，首先必須要有強烈的願望，而且還要集中全部的心念在願望上。可是有一點必須注意，正如亨利・福特所說的那樣，必須不斷地集中意念才行。只做一、兩個禮拜或一、兩個月，不會有很大的效果。必須持續半年、一年、三年才可能出現效果。這一點，希望讀者能夠牢記在心。

2・強烈的鬥志是成功必備的條件

一、要有堅持到最後的魄力

在日本永祿三年五月。以駿河為中心，逐漸擴大勢力的今川義元率領兩萬五千名大軍朝京都邁進。前往京都的途中，必須經過織田信長的轄地尾張。當時，織田信長才初出茅廬，勢力僅有五千名士兵左右，絕不是今川義元的敵手。因此，如果織田信長妨礙今川義元前往京都，今川義元便打算將他一舉殲滅。另一方面，織田信長將近十年來，經常處於內戰之中。因此，有相當多的兵力在戰場上失去，而且也缺乏食物。殘存的士兵士氣自然委靡，國力不振。而今川義元所率領的軍隊有如怒濤一般往尾張急馳而來，不管從什麼角度來看，織田信長都無法取得勝算。但雖說如此，織田信長也不能眼睜睜地看著今川的部隊從自己的國境內通過，無論如何都必須阻止今川義元前往京都。

織田信長在丸根、鷲津構築城寨，準備迎擊今川義元的大軍。如果這兩座城寨遭到摧毀，今川義元的大軍將會湧入尾張，尾張勢必遭到對方所殲滅。可是，以目前狀況看來丸根、鷲津這兩座城寨被對方夷平，只是時間早晚的問題。

那天晚上，織田信長在就寢前一個人靜靜地思索著——

「敵軍有兩萬五千名之多，而我軍才五千人。而且今川義元的軍隊身經百戰，驍勇強悍，而我軍只有在國內作戰的經驗。換言之，都是新手，該怎麼辦呢？……要怎樣才能夠突破此一難關呢？……對了！就只能這麼做了！殺掉他們的首領今川義元！……」

也就是說，織田信長當時的想法是——

「如果丸根、鷲津的城寨被突破，讓今川軍衝進尾張，那麼要襲擊有好幾層守衛的敵軍帥營，根本是不可能的事。但如果在這之前趁著敵軍通過狹窄的丘陵地帶時，由於地形有某種程度的起伏，說不定有襲擊敵軍帥營的機會。除了這麼做之外，再也沒有突破此難關的方法了。」

織田信長想到這裡，就從床上一躍而起，連忙發出出征的檄文。

對於這個決定，織田信長的親信全都大加反對。因為他們認為對方人多勢眾，野戰突擊獲勝的希望渺小。但是，織田信長打死也聽不進去，他堅決主張出征，自己率先騎在馬上，他的親信和士兵們無可奈何地跟在他的後面，往敵陣前去，人數大約三千人。

不久，丸根和鷲津兩個城寨果然遭到今川軍所擊破，織田信長也接到這個消息，但他卻聞風不動，不以為意。因為在織田信長的腦海中只有一個念頭，那就是「宰了今川義元」，其他不重要的細微末節一概無暇顧及了。織田信長率領的士兵爬上狹窄的小山丘，躲在草叢中，等待機會的來臨。

過了一會兒，今川軍果然來到他們的眼下紮營。全軍休息，開始吃起午餐。令人覺得高興的是，織田信長在當中看到了他們的統帥今川義元。可能是今川軍已經攻破丸根、鷲津兩座城寨，全軍都沉浸在勝利的成果上，警戒不由顯得鬆動。織田信長估計今川義元周遭的衛護僅有一千人左右，對織田信長來說，那是求之不得的機會，而且上天也站在他這一邊，當時附近一帶正下著傾盆大雨。

織田信長不放過此一千載難逢的機會，在衝鋒號角響起當中，織田信長率領著士兵衝進敵軍的帥營。經過一番奮戰之後，總算割下敵軍元帥今川義元的首級。織田信長使用「一點突破」的祕謀，巧妙地將劣勢扭轉過來。當時，他年僅二十七歲。

二、祕謀和堅忍頑強喚來好運

在這場戰爭中，織田信長的「敗相」原本極為明顯，就連他的親信也這麼認為。但是織田信長卻割下了今川義元的首級，最後也擊敗了今川軍，足見他是一個鬥志極為強烈的人。當初與今川義元交鋒毫無勝算，因此家臣全都反對織田信長的決定，而主張在城內迎戰今川軍。然而，織田信長卻堅決加以拒絕。因為從過去的例子來看，固守城池從來沒有戰勝過，織田信長深深地瞭解這種消極的戰法，絕對沒有獲勝的希望。

那麼，出擊殺敵有沒有勝算？

很遺憾，以當時織田信長的士兵人數來講，與對方的差距顯然非常大，就算出擊也同樣沒有獲勝的希望。因此，不是夾著尾巴逃跑，就是舉白旗投降，最後成為今川義元的附庸。

如果是平庸的武將，一定會有上述這種想法。但織田信長並不這麼認為，他的想法非常積極，他認為只要堅持到最後，一定可以找出突破口，那就是殺死今川義元的「一點突破」戰法。此一密謀和織田信長堅忍頑強的精神，最後使他起死回生，獲得意想不到的勝利。

史學家，同時也是作家的佐佐克明先生對於當時的情況，有如下的敘述——

「人，可以分為天才和常人。正確來講，靠的不是運氣。運氣的機率隨時隨地都會出現在任何一個人身上，問題是有沒有加以掌握（中略）。織田信長看出極微的運氣和獲勝的機率，所以在地利和天時都對自己有利時，便毫不猶豫地加以掌握。」

換言之，織田信長在當時不單只是運氣好而已，他看出可以掌握的極微之運氣，和可以獲勝的機率，伸手緊緊握住幸運女神的前髮。織田信長擁有敏銳的判斷力和卓越的戰略眼光。因此，在小山丘上碰巧看到今川軍的帥營，以及天空下起大雨來，可見上天是站在織田信長這一方，這全都是織田信長堅決的意志喚來的，這絕對不是偶然。如果要筆者來講，那也是理有固然，勢所必至。

後來，織田信長絕不採用充滿危險的「一點突破」戰術，他在與今川義元殊死戰的經驗中，學到了「不打勝算少的戰爭」這個教訓。在判斷對自己不利時，就避開戰爭；應該撤退時，就乾淨俐落地改變方向前進！

三、「意志」也能克服癌症

提到鬥志，日本象棋名人（圍棋、象棋的最高地位名稱）大山康晴，也擁有超乎常人的旺盛鬥志。他和織田信長一樣，非戰到最後一分鐘絕不放棄。因此，在最惡劣的狀態中總是有辦法打開突破口而獲得勝利。他的鬥志可以說是當代第一。

在舉行第十四屆名人賽時，那一天大山康晴一開始的情況並不好。不知為什麼，那一天他的棋路非常不靈活。果不其然，從頭到尾都有受到挑戰者高島八段壓制，而施展不開來的跡象。有八成的觀戰者從戰局來看，都預測大山康晴曾輸掉這場棋。在剩下一個多小時就要結束比賽時，正如大家的預測那樣，大山康晴已經出現敗相。就在那一剎那，攝影記者的閃光燈此起彼落的亮起，一道道的閃光在大山康晴的面前交錯飛舞。

如果是一般的棋士，到了這個時候必然會認輸，但堅忍頑強，鬥志為當代第一的大山康晴卻不同。尤其當天他堅忍不拔的精神更為強烈。

大山康晴認真地思考：

「在這麼惡劣的狀態下，是不是有什麼辦法可以轉敗為勝？」

他一味地忍耐高島八段宛如機關槍的猛烈攻勢，決定堅忍不拔地戰到最後一秒鐘。

此時，高島八段內心多半是這麼想：

「大山康晴為什麼不認輸？不管任何人來看，都看得出我已經勝券在握了……」

高島八段面對大山康晴始終不認輸的態度，心情逐漸焦躁起來，不知道是不是因為這個緣故，高島八段在剩下的時間裡頻頻發生失誤，而在比賽結束的數分鐘前，高島八段竟然犯了決定性的錯誤。

於是，大山康晴天生堅忍頑強和不服輸的個性，讓他贏得了這場意想不到的勝利。

大山康晴在一九八四年時，醫生診斷出他罹患了結腸癌，住進癌症病房。但鬥志堅強的大山康晴先生當時也戰勝了癌症，從癌症病房裡活著走出來。當醫生宣告他罹患癌症時，大山先生不以為意地改變心態：「罹患癌症也是沒辦法的事，事到如今，焦急也沒有用。」

大山康晴在棋盤上的作戰情況也是如此。他在處於對自己不利的時候，不焦躁、虛張聲勢和自暴自棄，「承認現狀」是他獨特的作風。當他改變心態，率直地認為「事情都已經發生了，那也是沒辦法的事，最後只能盡其在我，不必想那麼多」時，癌症已經從他的身體裡消失地無影無蹤了。

由此看來，堅強的鬥志不僅可以喚來成功的運氣，甚至還可以克服不治之病——癌症。

如果你在人生的路途上被逼入艱困的絕境時，也不可以有逃脫的念頭，應該像大山先生那樣，先承認現狀，然後再認真地思考該如何打開困局，這樣一定可以掌握致勝的機會。

3・「自我暗示」——隨心所欲地掌握愛情

一、僅憑著你的「意志」就能獲得愛情

到目前為止，我們已經敘述過所有戰勝人生的成功法則。

這些法則全都是藉由信念所產生的強大力量，讓可以帶來物質性利益的運氣聚集過來。

但是，我們為了過一個幸福的人生，或為了享受「戰勝人生」這種實際的感覺，所需要的就僅是物質上的滿足感嗎？

不，應該不是這樣的。只有物質與精神兩方面都滿足，才能算是獲得了真正的幸福感。

因此，在這一節中，筆者將焦點置於人的精神方面，特別是人的愛情上來加以敘述。

假設有兩名男子，其中一個人從年輕時起就非常努力，而獲得上司和朋友莫大的信賴，

在事業上攀登顛峰。他沒有妻子，自己一個人住在高級公寓內。

另外一個人是個平凡的上班族，但他有個美滿幸福的家庭，太太個性溫柔，小孩乖巧可愛。他的夢想就是擁有一間屬於自己的房子，在家人的支持下拚命地工作。

你覺得這兩個人當中，哪一個比較有吸引力？

這兩個人雖然形式不同，但都是獲得愛情的人。

前者雖然沒有異性緣，但卻獲得朋友和上司的信賴，從廣義上來說，也是獲得愛情的人。後者則是以所謂的「與異性戀愛」的形式獲得愛情，並建立了幸福美滿的家庭。

如果能夠一舉獲得上述兩種幸福，那是最好不過的事。不過，上述兩個人應該都會覺得自己非常幸福才對。

大致來講，人在感覺到幸福的那一剎那，愛情都會以某種形式與自己發生密切的關係。對人生來講，獲得愛情也是非常重要的一件事。

而且就連愛情也可以憑著你的意志，或「絕對可以實現」的強烈信念而取得。接下來，筆者再舉一個例子來說明。這個例子是引用自謝世輝博士所著的《絕對能夠達成願望的信念魔術》中所介紹的海倫・凱勒和安妮小姐。

二、憑著熱情與信念獲得敬愛的安妮

安妮在十歲時，母親就撒手人寰，和弟弟一起進入有如監獄一般的救濟院。

不久，安妮的弟弟在救濟院中過世，只剩下她孤零零的一個人。安妮的經歷非常艱辛、備受煎熬、異常困苦，非筆者筆墨所能形容。由於許多海倫・凱勒的傳記都有她的記載，因此知道安妮事蹟的人應該很多。

弟弟的過世讓安妮悲痛欲絕。後來，她以第一名優異的成績從帕金斯學院畢業，她是在十四歲時好不容易才進入這所學院就讀。在畢業典禮上，她代表畢業生致詞，從演講中可以清楚地瞭解她是一個什麼樣的人。

「只要行為正直，上帝就會守護著你。」

「我希望能夠主動地承擔世上的重擔，盡一切力量去貢獻社會。」

她這場演說的內容刊登於當時的波士頓報紙。從演說中可以看出，她透過苦難，最後成為內心充滿信仰的聖女。

由於她具有這種情操，所以畢業沒多久，就接下擔任海倫・凱勒家庭教師這份工作。

帕金斯學院的亞那古諾斯校長對安妮說道：

「除了妳之外，沒有人能夠擔任這麼困難的工作。凡事都需要忍耐和愛，妳可以試著用愛心來從事這項工作，有愛的地方，上帝也一定會幫助妳。」

為了應付海倫・凱勒暴躁的脾氣，安妮曾經向上帝祈禱：

「請上帝無論如何，讓我能夠獲得凱勒的喜愛與信賴，讓我的心與凱勒的心，緊緊地聯繫在一起……」

人的真誠具有偉大的力量。最後，海倫・凱勒被安妮的真誠所感動，而開始學習認字、寫字。安妮瞭解到：

「這孩子的資質不錯，可以施以教育。我一定要讓她成為一個好孩子！」

接下來，引用安妮當時寫給亞那古諾斯校長的書信中的一段內容來說明：

「我從來沒有這麼高興過。奇蹟出現了！海倫這個不懂事、性格粗暴的孩子，已經成為乖巧和順的小孩了。」

海倫・凱勒在安妮老師的教導之下，慢慢地瞭解各種事情，也懂得世事人情。

有一天，她問老師說：

「老師，妳為什麼願意和我在一起？為什麼願意照顧我？」

「因為我喜歡海倫啊！」

「老師，什麼是愛呢？」

「愛是世上最珍貴的東西，與生命同等重要。只要有愛，妳的心眼就會打開，心胸會變得寬闊，心情也會開朗起來。」

讀者看了之後，有什麼感想？大概不需要筆者特別說明吧？只要不放棄，只要意志堅強，念念不忘自己的願望，就絕對可以實現自己的願望。你最想獲得的東西（此處為愛情）正在厚牆的那一邊，張開雙手等著你。希望讀者能再次將這一點深深烙印在心中。

三、把自己逼入困境

接著，我們稍微把話題轉回身邊，來談談異性之間的戀愛運勢。

一般而言，每個國家的總人口，男性與女性的比率大都會接近各一半左右。

儘管如此，以實際情況來講，實在有點不公平，因為有不少人始終不受異性喜愛，到了適婚年齡連一個異性朋友都沒有。相反的，有些人很有異性緣，緋聞不斷，讓人羨慕極了！

這究竟是怎麼一回事呢？為什麼那麼不公平呢？沒有異性緣的人，難道就要孤獨地度過一生嗎？當然，情況並非如此。

不管是多麼沒有異性緣的人，都有方法可以引來獲得異性青睞的運勢。

以下就來介紹演員村野武憲先生有趣的經驗。

村野武憲先生在大學三年級的暑假時，為了考駕照而進入一家駕訓班。不久，他發現了一個「漂亮」的女孩也在那裡學開車，不禁對她「一見鍾情」。

從此以後，村野先生把考駕照的事拋至九霄雲外，每次去駕訓班時，就偷偷地望著那個女孩。可是村野先生是屬於「晚熟型」的人，當時他也不曉得該怎麼去找對方搭訕。

就這樣，一天過了又一天，兩人都從駕訓班結業。結果，彼此並未交談半句話，就此分道揚鑣。村野先生覺得很遺憾，也非常後悔自己沒有勇氣去接近她。當時他心想：「至少也應該問問她家住址。但事到如今，為時已晚。連她家住哪裡都不知道，除了放棄之外，又能怎麼樣？」

雖然村野先生覺得今生今世再也無法與對方相見，但對那位女孩的思慕卻與日俱增。因此，他心生一計，厚著臉皮打電話到駕訓班。

「喂……喂！我……我是……以前在你們駕訓班學開車的村野武憲……」
「啊！村野先生，我記得你，有什麼事嗎？」
「事……事情是這樣的，我……我向三……三浦小姐（在上課時曾經聽過教練叫她，所以知道她的姓氏）借筆試測驗集……想……想還她，但不知道她的住址和電話……對……對不起！能不能告訴我一……一下……」
他這一招果然見效，村野先生總算知道意中人的住址和電話。然而，即使知道了對方的電話號碼，他卻因為恐懼而不敢撥電話給她。
「說不定她已經有男朋友了。」以及「打電話給她，她可能也不會理我。」
他每天胡思亂想，就是不敢撥電話。就這樣，一拖就是好幾個月。
有一天，村野先生偶爾想到了：
「哎呀！如果我一直都不開口的話，今生今世恐怕再也見不到她了。我不喜歡在事隔多年之後，才模模糊糊地記得自己曾經愛上過一個女孩這種事情。不管怎樣，只要能夠見她一面就夠了。碰釘子就碰釘子，先打電話給她再說！」
於是，這一個痛苦的思慕者，村野先生下定決心站了起來，走到電話前，用顫抖的手指撥電話到那個女孩的家中……

結果呢？當時那位遙不可及的三浦小姐已變成現在的村野太太。在村野先生撥了電話過去之後，兩人就開始交往，後來雙雙步入紅毯的另一端。

村野先生回憶起往事說道：「如果我拖拖拉拉，不敢打電話給她的話，我這輩子大概就再也見不到她了。幸好，我把自己逼入困境，才能獲得如花似玉的美眷。」

就像這樣，如果能夠把自己逼到無路可退的地步，有時就會湧現出不可思議的勇氣，事情就會意外地進展得很順利。總之，假如你深深地愛戀著某位女性，就要不畏懼地展開攻擊。就算因而遭到拒絕，心情也會比沒有採取任何行動，而事後覺得悔恨來得舒暢。

從村野先生的例子，也可以瞭解，只要自己採取行動，自然就可以把運氣拉到身邊來。

對於悲歎自己運氣不好的人，我想告訴他一句話——

你之所以會運氣不好，那是因為你想要完成願望的「意志」和「信念」不夠的緣故。

4・「樂觀的態度」——可以克服所有的疑難雜症

一、健康是無上之寶

距今數年前，某電視台的新聞採訪節目介紹了一位罹患「肌肉萎縮症」這種怪病的女性。那位女性以前是一位護士，有一天肌肉開始萎縮，全身無法動彈。電視台的攝影人員始終對那位女性進行特寫鏡頭，看到她那個樣子，我不由得張口結舌，一句話也說不出來。

正如字面上所述，「肌肉萎縮症」是肌肉萎縮，躺在床上一動也不能動，連話也說不出來。如果能動，頂多也是脖子以上的部分可以動而已，在回答別人的呼喚時，僅止於點點頭的程度。當然，用餐和排便沒辦法自己來，必須由家人輪流照顧她。

而且不知道是不是因為躺在床上之後就沒有再下過床的緣故，她的手腳幾乎已經退化，看起來簡直就像是「木乃伊」。她這種生活已經過了快十年，現代醫學還無法查明病因，完全沒有治癒的希望。

換言之，她已經成為「活殭屍」，必須以這種狀態活到嚥下最後一口氣為止。不知她心中有什麼想法？這樣活著，本身就像是遭到地獄的折磨之苦，或許選擇死亡還比較好過。可是就連選擇死亡，她也不被容許，因為方才已經說過，她的身體完全無法動彈。因此，只要別人不幫忙，她是無法自我了結生命的。

事實上，筆者在距今十幾年前，也曾經罹患過嚴重的肺結核。

當時我因為延遲就醫，所以深為疾病所苦。那時，我才深深地體會到健康的重要。可是看到她那種悲慘至極的情況之後，我不僅感到健康的重要而已，甚至還覺得健康是世上的無價之寶。希望讀者也能細加思量：如果讀者不能說話或手腳不能動，連路都無法走，或罹患了以癌症為首的各種成人病，每天感到激烈的疼痛和痛苦的話，那該怎麼辦？光是想到這裡，是不是就會令人心驚膽戰呢？

有一個德文標語是這麼寫的：

「健康不是一切，但沒有健康的話，就一切都沒有了。」

從上述的情況來看，健康確實是世上的至寶，希望每個人都能自覺到這一點。究竟要怎麼做，才不會失去至上之寶的「健康」呢？換言之，要注意什麼才能夠遠離病魔，一輩子維持健康呢？關於這些問題，我想做多方面的探索。

二、壓力是健康的大敵

據說人類在想到好點子，或能力發揮到極緻時，腦波中一定存在著「Alpha波」。「Alpha波」的效用不僅如此，它也與健康有直接的關係。

相反的，如果心情焦躁或長期緊張，我們的腦波就會從「Alpha波」轉為「Beta波」，此即所謂遭受壓力時的狀態。人在遭受壓力時，情況會怎樣呢？首先，荷爾蒙的分泌會失去平衡。其次，副腎會大量製造出稱為「腎上腺素」的荷爾蒙進入血液中。此外，血液中的腎上腺素如果遍及全身，也會引起高血壓。

除此之外，由於荷爾蒙的變化，也會併發動脈硬化或心臟病。當然，嚴重時還會成為引發癌症的原因。以前的醫學協會認為壓力與疾病完全無關，但蒙特利歐爾大學的漢斯・謝利耶教授則闡明了壓力對人體的影響。

附帶一提，長期處在壓力之下，會引發下述的疾病：

○癌症　○甲狀腺機能亢進
○高血壓　○胃潰瘍
○糖尿病　○肥胖
○腎臟病　○動脈硬化
○大腸炎　○過敏症
○風濕病　○心臟病

其他雖然還有很多因壓力而引起的疾病，但大致說來，以上的疾病是因壓力而引起的代表性疾病。若是過敏症和風濕病這種程度的疾病，就不必過於擔心。不過，假如是習慣性的壓力，可能會成為致癌原因，必須特別注意。那是因為壓力的狀態適合異常細胞繁殖，以致形成癌細胞的緣故。

三、越是一本正經的人，越容易感受到壓力

即使我們自己不覺得，但平常我們總是承受著莫大的壓力。根據西德某醫學書指出，在一項針對一萬名癌症患者長期的調查結果發現，癌症患者大多在幼年時就有在人際關係或其他方面受到壓抑的經驗。如果那是事實的話，那麼癌症這種疾病就不是偶發性的病症，而可以認為是從小壓力蓄積的結果。若是如此，今後我們如果不下點工夫讓我們的生活減少壓力，就會使罹患癌症的危險性越來越高。

姑且不論這些，具體來講，什麼類型的人最容易感受到壓力呢？

這些類型的人，大致如下：

1．責任感強的人

2．性格怯弱，不管什麼事都會有強烈恐懼感的人

3．極度憂鬱症的人

4．對任何事情的想法都很悲觀的人

5．一本正經的人
6．將不滿埋藏於心中，無法一吐為快的人
7．不太會說話，有話也說不出口的人
8．頑固的人
9．喜歡生氣的人（尤其是氣到臉色發青的人）

這是容易受到壓力，罹患癌症的類型。

因為經常有憂鬱症和恐懼的心理，做什麼事情都一本正經，責任感又強，而且想法悲觀，想要說的話又說不出口的人，心中會蓄積不滿，不久就會成為容易致癌的體質。當然，做事認真，責任感強是件好事，但如果過度，就會為身體帶來不良影響。所以希望大家都能夠適可而止。

經常有人說：「好人不長命，禍害遺千年。」原因可能就在於會不會感受到壓力。提到好人，我就想到曾在報紙上看到一篇以「良心的苛責三十年」為題的報導，該報導的標題是：「三十多年前，我在小岩火車站附近的玩具店偷了一個塑膠洋娃娃。」

報導內容如下：

這個月的十四日，有一位女士寫了一封信，並且在信封內裝入五百日圓的鈔票，寄至警視廳小岩署JR小岩火車站前的派出所。書信的內容大致是，「雖然不能消除童年時所犯的罪過，但至少也要把錢還給老闆。』派出所的警員一接到信之後，立即開始尋找玩具店的老闆，但附近的街道、房子已經改建過，目前住在那一帶的居民都是後來才搬來的。隨著歲月的流逝，景物不在，人事已非，再也尋找不到線索……

那位女性在距今三十多年前，因一時的衝動而在玩具店內偷了一個塑膠洋娃娃（當時的價格是十日圓，洋娃娃的高度是六公分）。雖然事隔三十多年，但她仍然非常在意這件事，深為良心的苛責所苦惱。由於信上沒有寫姓名、年齡，所以不曉得那位女性的年紀多大。她說三十年前偷了一個塑膠洋娃娃，多半是這位女性小時候所做的行為。

我看了這篇報導之後，真的覺得很驚訝。

很遺憾，像這類一本正經的人越容易感受到壓力。

四、最重要的是，不要愁眉不展

最近，企業界人士暴斃的情況明顯增加，他們大多是非常忙碌的人，或是屬於認真的管理階層的人。不知道是不是因為這個緣故，各國勞工部門正密切注意此壓力社會的現況，而認定在最近一個禮拜因為工作繁忙導致中風和急性心臟病發作的「過勞死」，是屬於「勞工災害」。

人類為什麼會承受如此重大的壓力呢？因為人類畢竟是感情的動物，比較無法承受精神上的衝擊。總之，人的心靈和身體是不能分割的，而且身體完全受到精神所支配。為了不讓壓力入侵，不管怎麼說，還是必須保持精神上的健全（穩定）。其祕訣就是不為外物所影響，而最重要的是，不論什麼事都不要「愁眉不展」。

古時候有一位偉大的禪師，名叫一休和尚。

一休和尚在即將離開人世之前，將所有的弟子召來跟前，說了下述這段話之後才圓寂：

「弟子們，我事先已經留下一封遺書，如果將來碰到什麼麻煩的事時，可以打開來讓大家看一看，可能會有解決問題的線索……」

自從一休禪師離開人世之後，經過了一年，弟子們也都平安無事地度過。可是，就在過了一休禪師的忌辰後，寺院中發生了一件大事。弟子們驚慌失措，東奔西走，努力想要解決問題。然而，問題卻越來越大。就在這個時候，有一位弟子突然想起了禪師的遺言。全體弟子連忙打開遺書來看，上面竟然只短短地寫了幾個字——

「不要驚慌！順其自然！」

遺書雖然簡短，但一休禪師的話卻有如千鈞之重。弟子們覺得「師父既然這麼說，一定不會錯。」於是，大家都放下心中那塊石頭，恢復了平靜的心情。由於冷靜沈著地採取行動，後來事情就圓滿地解決了。

五、經常保持樂觀的態度

各位看了這個故事之後有什麼感想？其實，健康的祕訣用一句話來講，就是像一休禪師那樣，「經常保持樂觀的心，每天放鬆心情。」在瞬息萬變的社會中，如果對於自己所遭遇到的事情（包括痛苦、悲傷和煩惱等所有的一切）都要一一拿出來擔憂的話，那麼不管命有幾條都不夠用。

那麼，究竟什麼是「樂觀」呢？

在此，筆者所謂的「樂觀」不是要各位做事情馬馬虎虎，疏忽大意。而是「凡事不要過於悲觀，也不要事事擔心或心懷畏懼。應該經常抱持樂觀的想法，懷著希望過生活。」

打個比喻來講，假設你身上有十萬元，如果遺失了五萬元的話，你會怎麼想？一般人當然會覺得自己很倒楣。但即使碰到這種情況，也應該心存感謝：「雖然掉了五萬元，不過還有五萬元，幸好沒有全部遺失。」——這就是所謂的「凡事抱持樂觀的看法」。

總之，人生可以過得很順利，不管什麼苦惱或難關，一定都可以解決的。不過，處在逆境時，或許看不到一點點的光明，而會讓人陷入絕望之中。然而，只要你認真地思索解決辦法，並且果敢地展開行動，一定可以百分之百地解決問題。根據我的經驗，我可以肯定地這麼說。

現代人對事情的看法似乎太過灰暗，而且經常懷著不安與恐懼，故意讓自己悶出病來。我們應該效法一休禪師那樣，改變自我態度，抱持著「人生到處是青山，事情已經發生了，驚慌失措也無益於事。」的想法來過活，這正是健康的祕訣。

開悟的名僧、高僧一般都很長壽，因為他們不會拘泥於事物表面的現象，而過著笑口常開、樂觀進取的生活。

第五部

使命運好轉的「成功法則」

I・「信念」是達成所有願望的原點

一、打從心底堅信的效應

有一本暢銷書，叫《信念的魔力》，這本書的作者克萊德・M・布里斯托在書上寫道：「信念是魔術，只要打從心底相信，不管什麼願望都可以達成！」

例如，第一次世界大戰後，布里斯托以不屬於任何一連的非正規軍的身分登陸法國。當時有很長的一段時間領不到軍餉，連買口香糖或香菸的錢都沒有，這讓布里斯托深深地體會到金錢的重要。

從那以後，他在心底發誓退伍後要賺很多錢。果然，在他退伍後，正如他的決心那樣，他如願成為大富翁。另外，他也引用英國著名的醫學家Ａ・克隆博士所說的一段話，說明只要打從心底堅信，人失去的手腳甚至也可能再長出來。

克隆博士所說的那段話如下：

「螃蟹的螯可以再生，人類失去的腳也並非不能再長出來。失去的腳不能再長出來，是因為人的心中任意地認為那種事是不可能的。只要去除那種心理，腳也可以再長出來。」

這是非常古怪的說法，無法讓人馬上接受。但打從心底堅信，亦即擁有信念，有時可以發揮莫大的力量，使人生的命運改觀。

例如，你平常就認為——

「我不管做什麼事都做不好。」

「我的運氣不佳。」

「反正就是不行！」

「我無法勝過他。」

「世上根本沒有上帝，也沒有神佛。」等等。

那麼，你多半會按照你的想法，一輩子平庸地度過。

但相反的，如果你平常就認為——

「我是個運氣非常好的人。」

「我絕對做得到！」

「不管有多大的苦難，我都不會屈服。」

「上帝（神）經常守護著我。」

而且打從心底相信，甚至能夠提升至「信念」的程度，那你一定可以成為人生的勝利者、成功者。

例如，你希望成為一名歌手。此時你就不要胡思亂想：「我究竟可不可以成為歌手？」與其如此，不如先從心底堅信，「我絕對可以成為歌手。不！這樣說還不對，我一定要做給大家看！」並且把這種想法提升到「信念」的程度。當然，就算擁有信念，也不能馬上成為歌手。其後，可能還會遭遇到許許多多的挫折，或許需要五年、十年也說不定。

不過，也不必因而悲歎度日。只要你繼續擁有「我一定可以成為歌手！」的信念，不論花費多少時間，那一天一定會來臨！

二、一心一意往自己所選擇的道路邁進

去年第一次在紅白歌曲比賽中出場的歌手稻垣潤一先生，也是如此。

他從小受到父母親的影響，喜歡聽音樂、看電影，在中學一年級時看了「Sound of Music」這部音樂電影之後，覺得音樂實在是太迷人了，於是決心將來一定要成為音樂家。

後來他學會了打鼓，並且非常入迷。進入高中之後，他在兩個樂團中擔任鼓手，極為活躍。高中畢業後，曾經一度成為上班族。不久，接受在仙台的舞廳任職的音樂夥伴之邀，辭去了朝九晚五的工作，而以鼓手兼歌手的身分投入音樂活動。

可是，世路崎嶇。在仙台的舞廳擔任樂團團員僅能勉強糊口。其後，稻垣潤一先生懷著既為職業歌手的志願前往東京，但沒有人願意接納他。經過多次的挑戰，還是連一張唱片都出不了。他悲痛欲絕地返回故鄉仙台。然而，他的信念——自己絕對可以藉由音樂獲取成功——在他的心中始終沒有消失，回到仙台之後，仍然努力地從事音樂活動。

有一天，幸運女神終於來拜訪他。

那時，稻垣潤一先生在某飯店的附屬餐廳演唱，他的樂團引起某電視台製作人的注意。

以此為發端，稻垣潤一先生終於達成夙願，成為一名歌手。後來他陸陸續續地獲得成功，在一九八七年的紅白歌曲比賽中過關斬將，總算聲名大噪，名利雙收。

對不起，接下來談點我個人的事。我從十多年前起，就一直擁有一個信念至今。那個信念是：「我將來絕對可以成為作曲家。」

關於這件事，筆者僅簡單地介紹一下。

其實，我在年輕時就非常喜歡音樂。在此信念之下，我過去一直盡可能地努力，希望能夠完成音樂家的夢想。結果，最近總算開始看到徵兆，在「日本作曲大賞」（由日本作曲家協會主辦，ＴＢＳ電視台贊助）的第六屆、第七屆大會上，筆者連續兩年獲得全國第二名的優秀曲獎。

由於這個緣故，我得以認識作曲家三木先生，以及許多音樂界的重要人物。因此，我的信念逐漸提高。雖然我知道今後難免會有波折，但那不是問題。我決心有一天要創造出成功的名曲。所以現在除了寫書之外，我仍然不斷地在寫歌曲。

三、只要有強烈的信念，什麼危險都能突破

不管怎麼說，擁有信念就能夠產生這樣的效果，而且會在不知不覺之中給人生帶來好運。不過，也不是僅止於此而已，堅定而強烈的信念還能突破任何危險。

在鎌倉時代度過艱苦日子的日蓮，就是最好的例子。

日蓮從小就非常機靈，清澄山清澄寺的住持道善房知道他是個可造之才，就勸他出家。因此，日蓮在十二歲時就入了佛門。後來，日蓮也非常努力地學習。可是隨著學問的增進，日蓮的心中逐漸湧現出各種疑問。他的疑問是：為什麼佛教會有那麼多宗派？為什麼佛教的始祖釋迦牟尼佛要宣說那麼零散的教義呢？

為了解除內心的疑惑，日蓮在十八歲時離開清澄寺，前往鎌倉和日本佛教的總寺院比叡山延曆寺遊學，並且著手研究五千卷的大藏經，最後總算領悟到釋迦牟尼佛的真意在於《法華經》。當時日蓮自覺到的是：「我的使命是宣傳屬於釋迦牟尼佛真意的《法華經》，以拯救眾生！」換言之，日蓮擁有「《法華經》才是唯一正確的教義」這個堅定的信念，從此他開始說服其他宗派的信徒改信《法華經》。不過，也因而受到其他宗派僧侶的責難。日蓮很

快就被鎌倉幕府所逮捕，遭到數次危及性命的大災難。但是，日蓮不管遭受到什麼樣的迫害，意志絕不動搖。

日蓮堅強的信念讓他在多次的大難中獲救。

首先，日蓮以罪犯的身分從幕府流放到伊豆的伊東，然而日蓮犯的並不是流放的罪名，幕府一開始是打算讓日蓮溺斃，兵卒將日蓮棄置於岩礁上之後就離去。這座岩礁在漲潮時會完全沉入海底，可是當海水淹至日蓮的脖子時，碰巧有一艘船經過，在萬分危急的情況下，日蓮被漁夫上原彌三郎救了起來。

三年後，幕府赦免了日蓮，他再次回到鎌倉。可是，這是幕府的陰謀，當日蓮回來之後，馬上被綑綁起來押赴龍口刑場。當然，幕府的用意是要在龍口殺了日蓮。「準備行刑！」平左衛門尉的命令聲在三更半夜的龍口響了起來。接到命令的武士，將大刀高高地架在日蓮的脖子上。

就在那個時候，發生了一大奇蹟。不知從哪裡突然飛來一個亮得令人睜不開眼睛的發光體，將龍口照得彷彿白晝一般。這個有如謎團的發光體讓武士們嚇得直發抖，他們全都抱頭鼠竄，紛紛逃逸，結果終止行刑。從此，日蓮也徹底突破了危機。

「信念」是一股力量，是在人生旅途上帶來好運的推動力。總之，你必須在內心堅信自己擁有無限的潛力，並且將這種想法提升到信念的程度。若能這麼做，就可以帶給你的人生無限的好運。

2・「自我振奮」——增大自己的器量

一、培養自己本身的「德性」

使人生帶來好運的第二個方法，就是培養自己的「德性」。

「德」這個字，翻閱辭典的解釋是，「累積善行學問，使自己具備能夠自然地讓人敬慕的人品，和影響、感化別人的力量。」

總之，德性包括你本身所擁有的和善、威嚴、人品、才能、秉性等所有的一切。

簡單來講，就是人的「修養」與「器量」。

比方說，你現在想進入一所著名大學。

但不管你多麼強烈地希望能夠進入該大學就讀，要是你自己沒有好好讀書來參加考試，也絕對無法進入那所大學。

在這種情況之下，你之所以無法入學，是因為你努力的程度不夠。

一直以來都很流行慢跑，大家都知道慢跑有益健康。但也不是說任何人慢跑都可以馬上獲得健康，疾病剛痊癒的人，去從事慢跑這種吃力的運動，反而會產生反效果。事實上，也有人是在慢跑時暴斃的。

這是為什麼呢？

那是因為沒有體力卻勉強自己去做這項運動。所以，如果想要以慢跑來獲得健康，首先應該從體操等輕微運動開始做起，等到培養出基礎體力之後再慢慢進行慢跑，這樣才能獲得真正的健康。自己平常明明沒有體力，卻突然勉強自己去從事這種吃力的運動，若是發生事故，一點也不會讓人覺得奇怪。

同樣的道理，要是你擁有一個巨大的目標，想要加以完成，首先必須先提高你的德性。

換言之，必須增大做為人的「器量」。

假設這裡有一個杯子，我們試著把水倒入這個杯子，在超過杯子的容積之後，絕對裝不下更多的水。如果勉強把水倒進去，只會溢出來而已。

那麼，要怎樣才能把超過該杯子容積的水裝進去呢？很簡單！只要增大容器就可以了。亦即只要將杯子那樣小的容器，換成像水桶那麼大的容器即可。

就像這樣，如果把你本身的器量增大（提高德性），以後不費力就能獲得你所想要的東西，人生也會處處鴻運高照。

因此，就算你目前處在窮困的境遇中，只要你的器量夠大，也用不著去擔心以後的事情。縱使你現在是個空水桶，只要你確實地加大器量，一旦下雨時，水桶也可以將雨水裝得滿滿的。

二、利己主義會把幸運女神堵在門外

我經常在想，人之所以會不幸，原因之一就是追求比自己的器量大的事物。也就是說，像剛剛所說的那樣，想要把一公升的水，裝入只能容納0.1公升的杯子內，水就會溢出來，而變成洪水（不幸）了。雖說如此，筆者也不是說追求超過自己器量的事物不好，但先決條件是在追求之前，必須把自己的器量加大。

不過，一般平凡的人並不容易瞭解這麼簡單的道理。

為什麼不能瞭解這麼簡單的道理呢？

那是因為人往往受到眼前的利益所束縛，而無法看到大局。總之，就是慾望太過強烈。由於「只要自己好就好，不管別人死活。」這種利己主義的想法作崇，心眼就遭到遮蔽，而無法看透事物的本質。

舉一個例子來看看！

例如，石油危機，到目前為止，石油危機可以分為第一次和第二次。當時，全世界的經濟都失去平衡，而陷入極大的恐慌之中，這是眾所周知的情況。但相反的，產油國卻掩不住內心的喜悅，因為原油漲價，讓他們賺了很多錢。通常不管什麼情況，頂多是漲一點二倍至一點五倍，物價很少一下子就漲到兩倍的程度。

然而，產油國方面卻無視於這種經濟原則，一下子就將原油價格漲到四倍到十倍。結果，正如方才所述，產油國都成為大富翁。

這樣下去，將會沒完沒了。

世人都認為，「既然石油價格那麼貴，那麼就盡量不要使用石油好了。」於是，全世界掀起了節省能源運動，而往「盡量不使用石油」的方向發展。例如，汽車方面研發出汽油消耗量較少的引擎，或超過凌晨零點之後，電視台停止播放節目等。

可是光是這麼做，產油國所受到的打擊大概還不是很嚴重。然而，還有一個方法可以讓產油國屈服。眾所周知，產油國除了石油之外，什麼產品都沒有。因此，日本、美國和歐洲各國如果不外銷產品給他們，產油國就沒輒了。

由於原油價格漲了，日本產品的原料成本也跟著上漲，所有的物價都暴漲起來。結果，產油國勢必花昂貴的金錢去購買商品，而必須把賺來的錢全部吐出來。而且因為石油的需求大為減少，所以石油的價格暴跌，正如各位所知，產油國現在已經瀕臨重大危機。

如上所述，只要自己好，不管他人死活的人（利己主義者），會抹消德行，而將命運之神堵在門外，即使獲得暫時性的發展，也一定會衰退下來。

具體來講，要怎樣才能提高德性呢？

勉強要說的話，你必須擁有堅定不移的哲學（信仰、信念），然後以該哲學為後盾來體驗各種事態，同時積極地度過人生。正如在波濤洶湧的大海中生長的魚肉質鮮美一樣，在人生的洶濤駭浪中體驗各式各樣的情況，不知不覺中就會培養出人的器量。

3・「波及效果」——經常關懷別人

一、努力建立人脈

分析成功者，可以發現成功者都擁有豐富的人脈。

假如你現在希望在某個領域中成功，你就必須努力建立人脈。蜘蛛結網捕捉昆蟲，蜘蛛網做得越大，捕獲獵物的機率就越高。而人脈就相當於蜘蛛網。

名歌手森進一的成功歌曲『女人的嘆息』、『港町布魯斯』、『媽媽』等，是由作曲家豬保公章先生寫的曲。但是，他現在之所以能夠獲得作曲家的地位，是因為自己拚命建立人脈的緣故。

他從沒沒無聞的時候起，在毫無門路的情況下，全力以赴地將自己的作品向唱片公司或其他與音樂有關的人士推銷。可是不管他前往哪家唱片公司，都沒有人肯接納他的作品。然而，他絕不放棄，還是每天到各家唱片公司不斷地自我推銷。

不久之後，「最近有一個傢伙，老是糾纏不休地在推銷自己作的曲子」——這個消息逐漸在與音樂有關的人士之間傳了開來，音樂製作人也慢慢地欽佩起他來，彼此說道：「真是個毅力過人的傢伙。」換言之，豬保公章先生此時已經在建立自己的人脈。

有一天，勝利唱片公司訓練新人，鋼琴伴奏突然有事不能來，唱片製作人正好為這件事感到傷腦筋，豬保公章先生碰巧出現在勝利唱片公司，製作人就對他說道：

「你來得正好！既然你對你自己作的曲子那麼有信心！那麼你不妨先露一手彈鋼琴的本領來瞧瞧吧！」

豬保公章先生喜出望外，立即拚命地彈起鋼琴為新人伴奏。當時，演奏得非常出色，讓製作人覺得極為滿意。以此為發端，唱片公司就委託他為當時還是新人，即將出唱片的森進一創作練習用的曲子。

於是，機會終於來臨。雖說是練習曲，但那是唱片公司首次委託豬保公章先生作曲，只要受到賞識，或許下次就會受託創作製作成唱片銷售的歌曲也不一定。所以，他非常努力地進行創作。

很快地，他就編出森進一的練習曲，製作人也立即讓新人森進一唱看看。結果豬保公章先生作的曲子很適合森進一的歌路，並且蘊釀出一種難以形容的美妙氣氛。這首曲子受到工作人員的好評，沒想到唱片公司方面決定把這首歌曲作為森進一第一張唱片的主打歌，曲名叫做『女人的歎息』。這首歌曲在發售時，轟動了整個社會，一舉成名。結果，豬保先生也因為這首曲子，奠定了到目前為止，一直屹立不搖的名作曲家之地位。

他就是用這種方式不斷地向唱片公司展開攻勢，讓唱片公司知道自己的實力。可是，假如他不持續地自我推銷，代替別人鋼琴伴奏的機會大概也不會落到他身上。然而，因為他頻繁地出入唱片公司，因此也讓唱片製作人不得不認識他。

剛開始時，製作人是認為豬保先生是個厚臉皮的人，但不久之後，就不得不佩服他堅忍不拔的精神，而改變想法：「這傢伙的毅力真是沒話說，下次如果有什麼工作的話，就給他試看看吧！」

豬保公章就是憑著自己所建立的人脈，那時候正好有「鋼琴伴奏」這個連他自己都想像不到的機會來臨，而他也緊緊地抓住這個機會，而取得通往作曲家國度的「護照」。

二、做最大限度的自我推銷

豬保公章先生就是利用這種方式建立人脈，而喚來好運的。總之，應最大限度地運用現有的人脈。如果沒有人脈，也必須像豬保先生那樣，積極地建立人脈。因為幸運這種東西，大多是由人脈所帶來的。

那麼，要怎樣建立人脈呢？首先，必須考慮自己想要在什麼領域出頭，並且積極地進行自我推銷。換言之，就是要大聲地向世人呼籲，讓大家知道你的經歷、技術、才能，尤其是特殊才能。

例如，我現在正在寫這本書，但不管內容寫得多麼精彩，光是這樣，這本書也無法問世。為了讓這本書出版，首先必須向出版社的編輯進行自我推銷：「我這本書寫得很棒，能不能採用看看？」而且必須獲得對方的賞識才行。能夠這麼做，這本書才有辦法公諸於世！

不管怎麼說，讀者應該像這樣大聲地向世人呼籲，把你擁有的一切推銷出去。因此，雖然有些誇大，但也是無可奈何的事。不，這樣說還不對！有人不僅誇大，甚至肚子裡面沒有墨水，卻裝作一副很有學問的樣子來自我推銷。

作家兼評論家河野守宏先生對於自我推銷的方法有如下的敘述：

「假設某家公司在徵人，對目前失業在家的人來講，是一大機會，但公司並不是阿貓阿狗都要，他們徵人是有條件的。

「因此，如果覺得該公司的條件與自己不符而放棄，那麼機會就會憑空消失。若是想要獲得那個工作，即使自己肚子空無一物，首先也要裝成自己什麼都懂的樣子，告訴對方說，『我是公司所需要的人才』。不過，如果總是維持空無一物的狀況，就會變成騙子，結果任何人都不會理睬你。因此，必須拚命地讓自己成為有內容的人，這樣才能夠抓住機會。」

事實上，河野先生在成為作家之前，曾經去報社找版面設計的工作，並且自吹自擂的說自己有三年以上的經驗。但被錄取之後，實際從事工作時才發現報紙的版面，老是控制得不好，不是不夠就是太多，那可是一件嚴重的事情。因此，河野就抓著同事說：「今天晚上我請客！」要求同事教他版面設計的方法。因此，總算學會了工作上的技巧。

這個例子或許很怪異，但也說明了只要積極地進行自我推銷，就可以擴大人脈的範圍，如此就不難喚來好運。

三、幸運是人脈帶來的

我每次想到名演員寇克・道格拉斯（也就是邁克・道格拉斯的父親），就深感運氣是由人脈帶來的這個道理。以下就來介紹他的一段軼聞——

寇克・道格拉斯在第一次世界大戰當中，誕生於紐約的貧民窟，本名叫作伊斯爾・達尼耶羅比奇，他的父親是移民到美國的勞工，所以不難想像當時他的家庭是多麼的貧窮。

伊斯爾・達尼耶羅比奇在長大成年之後，為了擺脫貧窮，立志要成為一名演員，而前往紐約發展。他在格林威治村（美國紐約前衛派藝術家、作家的聚集地）租了一間簡陋的房間，以此為據點，一邊在餐廳擔任服務生，一邊努力倘一習戲劇表演。當時他也在百老匯擔任兩、三個角色，但全都不是要角。倒楣時，連在舞台上露臉的機會都沒有，而只是在幕後發出聲音。表演的角色都距離成為明星的路途非常遙遠。

其後，他努力了好幾年，卻完全沒有出頭的跡象。因此，他對演員這份工作感到失望，不久就入伍成為海軍的一員。但當時幸運女神已經悄悄地向他露出笑容了。在伊斯爾參戰期間，他在演藝界一位名叫羅蘭・芭可兒的女性朋友，竟然一躍成為好萊塢的大明星。

在伊斯爾退伍之後再次踏入演藝界時、幸運的，羅蘭・芭可兒拜託一位名導演讓他試演看看。由於這個機會，後來伊斯爾・達尼耶羅比奇就變成今天家戶喻曉的的寇克・道格拉斯這個大明星的地位。道格拉斯回憶當時說道——

「我之所以受到導演的賞識，可能是我多少有些演戲的天分。可是當時我如果沒有那麼幸運地遇到羅蘭・芭可兒的話，我大概沒有辦法建立起現在這樣的地位。因為比我更有天分的人非常多，但他們全都離開了演藝圈，他們多半是運氣不好吧！……」

各位看了這段敘述之後，不知有什麼樣的感想？寇克・道格拉斯在這裡提到的「他們多半是運氣不好吧！」其實就是指沒有人脈。

好運有時是別人帶來的。不過，與其他法則相同，全都是紮根於自己的心中。

因為自己建立比現在更好的人際關係，才能喚來好運，那可以說是從你的意志創造出來的「波及效果」。

4・「自然狀態」——委身於巨大的潮流之中

一、不要迴避不幸

你在人生旅途中遇到逆境時，絕對不要想從逆境中逃脫了事。與其迴避，不如正視現實、勇敢承擔，從正面去解決問題，克服逆境。

因為不幸的特質和瘋狗一樣，你越跑，它追得越兇。因此，絕對不可迴避不幸。必須領悟現在的逆境是自己的命運，而在某種程度之內把自己浸泡於不幸之中，委身給命運之神。

當然這並不說要各位坐以待斃，而是說命運有如一股巨大的潮流，違反這股巨大的潮流，應當不會使命運好轉起來。不，不僅如此，搞不好還可能會遭到嚴重的打擊，而無法東山再起。與其如此，不如巧妙地順著這股巨大的潮流展開行動。我想，這種想法應該是比較聰明才對。

接下來要介紹的是，長崎縣某寺院的住持山本先生的親身體驗。

山本先生在十九歲時曾經參拜身延山，回來時在身延火車站前的某家旅館過了一夜。

由於當時是盛暑，晚餐後屋外還很明亮，山本先生信步走到富士川的河畔。由於天氣悶熱，山本先生在看了河水潺潺流動時，突然萌生想要游泳的念頭，於是不假思索，「撲通」一聲地就跳入河中。如果只是這樣那也就罷了，但後來卻出了問題。山本先生原本就不是很會游泳，在他跳入水中之後，才知道河流湍急，但為時已晚。他拚命地想游回岸邊，但在他跳入水中時，腳早就被水流纏住，整個身體開始被湍流一個勁地往下拉。

當時，山本先生的腦際浮現「這下子完蛋了！」的念頭，但他的心情卻非常穩定，當下念頭一轉：「好！既然這樣，就隨它去吧！」山本先生在水中載浮載沉數秒鐘之後，身體即將被吸入一個巨大岩石的岩縫。剎那間，山本先生在無意識中潛入水裡，狠狠地往河底蹬了一下，就這樣身體飛快地浮了上來。當他浮出水面時，只見眼前突出一塊岩石，山本先生死命抱住那一塊岩石，總算死裡逃生，撿回一條命。

山本先生回憶當時的情景說道：「現在想起來，幸好當時順著河水流動，要是我驚慌失措，死命地掙扎的話，恐怕整個頭都會浸泡於水中，喝足了水而失去意識。換言之，不違逆流動的河水，在河水流動的那一剎那，抓住機會把河水甩掉。這與我幸運地戰勝河水有著密切的關係。」

二、以堂堂正正的態度推開不幸

同樣的道理，在遭遇不幸時，也不要驚慌失措，拚命地想掙扎，讓自己在某種程度內浸泡在不幸之中，有時也是一件必要且重要的事。

名僧良寬和尚曾經說過：「遇到災難時不要想逃避，遇到災難是件好事，不逃避是避開災難的最佳方法。」

我們往往會有很強烈的心態想要迴避不幸。但正如方才所述，逃避只會使不幸增大，根本不能解決問題。與其如此，不如改變態度，緊緊地與不幸扭打在一起，一個接一個地解決問題，這樣效果會比較大。

住在名古屋市的段先生，他在二十八歲時，年紀輕輕的就擔任某健康器材公司的老闆。距今十幾年前，段先生過著非常優渥的生活，想要什麼就有什麼。

然而有一年，段先生一個親信的部屬背叛他，把公司的錢全部盜領一空。再加上那個時候經濟不景氣，使他公司的經營急轉直下，很不幸地，公司倒閉了。過去的優渥生活剎那間化為烏有，段先生負債數千萬，不要說是房子，就連鋼琴和高級家具都被搬走了。更慘的是段先生借了高利貸。公司倒閉之後，段先生最苦惱的就是高利貸債權人來催討債務。

一連數日，有幾個奇裝異服的男子闖入段先生的家中，盛氣凌人地怒罵段先生全家人。由於遭人要債的滋味非常難受，有一天，段先生實在是忍不下去，就在債權人的面前失去了蹤影。也就是說，段先生當時逃避了不幸。可是，他畢竟無法逃避得了。段先生在逃避一陣子之後，由於厭倦了那種躲躲藏藏的生活，在某人的說服下，再次出現於債權人的面前。而且他已經做好了心理準備，以謙虛的態度向債權人懇求：

「我一定會負起全部的責任，歸還借款。請再給我一些時間！」

結果，不知道是不是因為段先生的誠意發揮了作用，債權人們竟然出乎段先生的意料，回答：「好！這一次就相信你。再給你寬限幾天。」

當時段先生深深地體會出一個道理：「與其偷偷地躲起來規避責任，不如無所畏懼地把責任承擔起來，誠心誠意地去面對債權人。這麼做，事後才不會後悔。」

後來段先生拚命地工作，每個月一點一點地把借來的款項還給債權人。對於段先生這件事，債權人方面曾經開過數次會議。不知道是不是因為深受段先生的努力和誠意所感動，會議的結果竟然是「關於借款，不追究個人責任」，自段先生決定勇敢面對現實以後，正好是兩年。債權人的處理方式也算是極為寬大了。

或許這是個特殊的例子，但正如這個故事所顯示的那樣，遇到困難時，不要想逃避，超越難關的積極態度，最後一定可以解決問題的。

打個比喻來講，假設你現在生病。就算你想避開疾病，疾病也絕不會因而痊癒。不！這樣說還不對。應該說越是逃避，病情就越惡化。因此，生病時首先要承認自己生病，並且趕快去看醫生，接受醫生的診察與適當的治療。這樣，病情（不幸）才有好轉的一天。

當自己陷入困境時，不要想掙脫困境，必須認為那是自己的命運，往困境的正中央跳進去。如此一來，在不知不覺之中，目前的不幸就會雲消霧散。另外，由於這些痛苦的體驗，你的器量也才會增大。

5．「平常心」——可以開闊出康莊大道

一、不要一下子高興，一下子憂傷

中國有一個「塞翁失馬」的故事：

有一個老人居住在某個村落，老人飼養了一匹愛馬，有一天那匹馬突然逃逸無蹤。鄰居聽到這個消息，就來到老人的住處說道：「真倒楣！你的馬跑了。」

老人卻回答：「果真如此嗎？」

事情過後不到一個禮拜。有一天，老人那匹逃走的愛馬竟然帶著一匹漂亮健壯的母馬回來。於是，那位鄰居又來道賀：「聽說你那逃跑的馬回來了，而且還帶回了一匹母馬，真是幸運啊！」

老人這次也笑著說：「不，不！是不是好運還不知道。」

幾天後，老人的兒子騎著那匹馬，從馬背上摔下來跌斷了腿，那位鄰居又來老人的家中說道：「你的兒子墜馬骨折，真是倒楣！」

老人這次也露出不在意的表情笑著回答：「事情是幸與不幸，不到最後是不曉得的。」

不久，這個國家發生戰爭，村裡的年輕人全都被徵召去當兵，只有老人的兒子因為跌斷了腿，而免除了服兵役的義務。後來戰爭結束，和平總算來臨。但當時村裡參加戰爭的年輕人全都戰死沙場，一個也沒有回來。

看了上面的故事之後，我們究竟能夠從中獲得什麼樣的教訓呢？

筆者試著以自己的方式來解釋看看。這個故事告訴我們，人生的事情實在是很不可思議，以人短淺的智慧來講，人生有很多事情都不是我們所能預料的，有時候自己認為是好的，結果卻不好；有時候認為是不好的，卻帶來好的結果。

因此，不可以光憑表面上的現象來判斷事物，讓自己一下子高興，一下子憂傷。而應該更深入地去看透事物的本質，經常以平常心來看待任何事物。這就是「塞翁失馬」所給我們的教訓。

二、心志動搖會使事態更為惡化

我們往往會被表面的現象所迷惑，以致一下子高興，一下子憂傷。我們應該像「塞翁失馬」這個故事中的老人那樣，心志不為外物所動搖，而以平常心來看待一切。人生是一連串的選擇和決定，如果不是經常擁有平常心，一旦有事時，絕對無法做出正確的判斷和決定。在人生的旅途中，下錯決定可能會招致不幸，有時甚至還會造成致命傷。

例如，下棋時常常掛在嘴邊的一句話，「旁觀者清，當局者迷」。

這句話的意思是說，在旁邊觀戰的人要比下棋的人更能想到妙招。也就是說，第三者比當事人更瞭解事情的利弊得失。當然，這也是因為當事人心志動搖，而第三者心情平靜，所以才能夠客觀地掌握事物的變化之故。

有一名武士曾經問劍豪宮本武藏：「何謂劍之道？」

「在席地而坐時所用的蓆子上行走，就是劍之道。」宮本武藏立即回答。

誰都有辦法輕鬆自在地在席地而坐時所用的蓆子上行走，但如果行走在懸吊於深谷上與蓆子同寬的橋上時，情況會怎樣呢？可能不會像在蓆子上行走那樣心不驚、膽不寒吧！

一般人在這麼狹窄的橋上行走時，眼睛通常會不由自主地去看橋下的深谷，看著看著，心志就動搖了起來，最後可能會因為恐懼而不慎跌落谷底。

換言之，宮本武藏的意思是指，儘管是懸吊在深谷上的橋樑，但如果能夠以平常心，就像在草蓆上行走那樣，那就是「劍之道」。

不管面臨什麼樣的危險和災難，唯有能夠經常保持內心的平靜來加以因應的人，才能夠脫離危機，抓住幸運，而成為人生的高手。筆者也已經說過好幾次，因為擁有平常心，才能客觀地掌握問題的真相，找出最合理的解決方法。

6・「意志力」——引導出無限的潛力

一、正派的宗教是邁向成功的嚮導

我在年輕時為了求「道」，曾加入好幾個宗教團體。從這個宗教團體走到另一個宗教團體，參加過好幾個宗教團體的活動。結果，透過我的親身體驗，我瞭解到了一點，所謂宗教就是神（掌握宇宙不可思議的靈妙力量，亦即大自然）的媒體。換言之，宗教是從三次元低俗的娑婆世界，飛至四次元高尚的寂光世界之門扉（入口）。簡單來講，宗教是讓人到達目的地的嚮導。

因此，就成立了一個理論：在人生旅途上，與其自己不知何去何從地摸索目的地（幸福的世界），不如加入宗教，在正確嚮導（人生的指針）的帶領下，可以更快到達目的他。

事實上也是如此。古時候確實有很多不錯的宗教，也有很多偉大的宗教家奉獻出自己的一生來完成拯救世人的使命感。這些宗教家的訓諭不曉得讓多少人燃起勇氣而重生，不曉得讓多少人擺脫不幸而抓住幸福，甚至有很多人因為宗教的關係而克服疾病，恢復健康。

我認為這些全都是正當宗教的宗教家正確引導的結果。正當的宗教用神的愛、佛的慈悲，把我們這些迷惑無知的凡夫俗子引導進入正直寂光的世界中。

最近，假借宗教名義來歛財的神棍很多。因此，雖然筆者明知宗教是很好的心靈活動，卻也不能毫無顧忌地向讀者推薦宗教。雖說如此，但也不是沒有正當的宗教存在。儘管不多，但目前仍有教義不錯的宗教，這是不容抹煞的事實。而且也有人透過這些正當宗教的教義，獲得重生而使命運好轉起來，這也是不能否認的事實。

以我個人的想法來講，基於上述的理由，我認為最理想的是，不以宗教團體為媒介，個人直接信仰神佛。但儘管如此，要完全不懂信仰「入門」的人擁有個人信仰，並不是那麼地容易。

因此，重要的是必須以正確、客觀和冷靜的眼光來選擇宗教。如果能夠確實地做到這一點，你就可以藉由這股偉大的力量，意想不到地提高人生的運勢。

不過，宗教並非是滿足個人慾望的信仰，當然必須掌握和實踐正確的宗教理念才行。

二、「意志」和「信念」可以改變命運

八百半百貨公司董事長和田先生是一位蔬菜商的長子，於一九二九年出生於著名的溫泉地——熱海市。

他在學生時期上過左派教授的課，從此就傾向馬克思主義。不久，對於資本主義社會中的勞工階級和資本家階級這兩種階級感到憤怒，而加入了共產黨。

因為他對身為蔬菜商，而以賺錢為第一的父親感到反感，並且認為只有共產主義才能拯救貧苦的農民。因此，他抱持著年輕人的正義感加入了共產黨。

然而，和田先生在大學時由於活動過於偏激，遭到大學退學的處分，他媽媽接到校方的通知，連忙飛奔至學校。媽媽在獲悉兒子遭到退學處分的理由之後，驚訝得臉色蒼白，立刻昏了過去。當時，他媽媽是「S之家」這個宗教團體的虔誠信徒，覺得現在正是讓兒子洗心革面的時候，於是立即帶著兒子前往「S之家」的鍛鍊道場。

那時和田先生認為自己並沒有錯，一點悔改之心也沒有。不僅如此，反而在心裡盤算：

「好！這真是個好機會。我可以混入『S之家』宣傳革命理論，好好替他們洗腦。」

然而，結果卻正好相反。和田先生在與「S之家」講師的辯論中，反而從講師的談話中找到自己的生存之道。他做了一百八十度的大轉變，原本信奉主張「宗教是鴉片」的共產主義的和田先生，轉而信仰宗教。此時，他已經相當程度地受到「S之家」的思想所感化。

附帶。一提，和田先生回憶過往的情景時說道：

雖然道場內也有曾經是共產黨員的講師，但我和他爭辯之後，還是沒有徹底改變我的想法。

即使已經開始進行鍛鍊，我一次都沒有前去道場，而是躺在自己的房間裡，沈溺於左翼思想的書籍中，講師發的聖典《生命的實相》則棄置一旁。

過了一個禮拜，由於無所事事，實在覺得很無聊。於是我就想去道場看一看，心中暗自打算，如果有機會的話，我就上台演講，幫這一群人洗腦一番。

那時正好是新會員的自我介紹。

輪到我上台時，我站在講台上準備說出我腦中所想的事情。

大學時，我經常進行煽動性的演講，可是不知何故？在這時，我卻一句話也說不出來。台下的信徒們一動也不動地望著我，每個人的眼眸中都散發著期待聽我說話的眼神，而且絲毫沒有一絲惡意。

我在大學校園內演講時，聚集在我面前的學生們滿腔熱誠，每個人都高喊著對社會和學校營運方式的不滿，他們的眼中可以說都充滿了憎恨。

可是，這裡的人眼眸卻非常澄澈，一心盼望聽到我的發言。

不知不覺，我就開始談起為什麼來這個道場的原因，也說了一些對過去的生活感到後悔的話，不知從什麼時候起，我已經是涕淚縱橫了。

說完之後，我覺得心情輕鬆很多，同時也察覺自己過去的無知和虛張聲勢。

另外，我也發覺自己對世人強烈的憎惡和對父母親的輕視之心，都完全消失得失得無影無蹤了。我已經在進行「觀念的轉換」了。

從此以後，和田先生脫離了共產黨，專心投入「S之家」的信仰活動。同時後悔過去的不孝，決心繼承家業——蔬菜商，並且告訴父母親：「我要成為日本第一的孝子，因此我願意繼承這家店，使八百半成為日本第一的商店。」

一九四九年一月，和田先生在「S之家」的鍛鍊道場與他終生的老師德久克己博士邂逅。和田先生當時獲得德久博士下述的指導：

「不感謝父母親的人，是不符合神的旨意。如果世人都能感謝世上萬物，彼此有一顆關懷的心，就可以帶來世界和平。」德久博士這句簡短的話，讓和田先生非常感動，同時也深深地領悟到：「對！這也就是做生意的道理。」

因為和田先生過去所見到的生意人，幾乎都是品格惡劣的奸商，他們向客人收取超過應得的利潤，用品質差的商品來騙人，對待客人的態度又很惡劣。因此，和田先生在接觸到德久博士充滿熱情的教誨後，就下定決心「今後不管做什麼，都要帶給客人快樂，而且也要從事能夠讓自己衷心感謝客人的生意。」於是，和田先生開始摸索做生意的嶄新道路。

一九五〇年四月，正當和田先生準備開闢新道路的時候，熱海發生了一場大火，八百半在這場大火中剎那間化為灰燼。就連他父母親都感到不知所措，臉上難掩絕望之情。可是和田先生卻把這次所遭受到的苦難，當作是神的啟示：「一切從零重新做起吧！」

在最惡劣的情況中還能夠把痛苦折磨的事情往好的方向去解釋的人，意志真的很堅強。

不久，全家人團結在一起，租借了災後廢墟的倉庫繼續做生意。大火發生後兩年，和田先生新建了一棟二層樓建築的漂亮店舖，八百半商店就這樣子重新站了起來。

一九五六年一月一日，和田先生將公司改名，為「八百半食品百貨公司」，貫徹了和田一家人的信念──「現金不二價銷售」（這是現在的八百半百貨公司的原型）。後來雖然經過許多波折，但都一一克服了。和田先生所率領的「八百半集團」，除了日本國內之外，也陸陸續續向美國、巴西、香港、新加坡等地發展，展開百貨公司連鎖店。一九八六年，終於完成了和田先生的心願，成為東京證券第一類股股票上市的公司。

三、強烈的信仰可以帶來奇蹟

和田先生從一個蔬菜商店，成功的發展為「八百半百貨公司」這個大企業。但有一點值得大書特書，就是如果和田先生沒有進入「S之家」，接觸到該宗教團體的思想，而不信仰「S之家」的教義時，和田先生現在可能就不是現在這個樣子了。

縱使他像現在這個樣子，但說不定要延後幾年或十幾年才能做到今天這個地步。

因為和田先生過去每次瀕臨危機時，就實踐在鍛鍊道場中學到的「神想觀」，而克服了所有的危機。

正如字面上所述，「神想觀」就是想念神、觀想神。總之，「神想觀」類似一種冥想，和田先生在進行「神想觀」之後，就會不可思議地湧現出靈感，將難題完全解決。

例如，一九六五年代，大榮和西友等大規模超市連鎖店展開擴大戰略，準備稱霸全國。因此，中、小規模的超市相繼倒閉。為了生存，各地的小型超市不得已只好進行合併、合作。八百半也不例外，被迫在合併和倒閉之中選擇一種。

和田先生每天都苦思：「為了生存，只能與大超市合作，這麼做也是為了員工著想。與其與大超市對抗，造成業績惡化，是不是應該趁現在與他們合作？不，這樣不對。如果與大超市合作，過去一直跟著我的幹部不是很可憐嗎？公司被合併後，他們就沒有將來了。」

但是，這個難題透過「神想觀」而獲得解決。當時，和田先生的腦際閃現一個可能會被認為是不實際的構想：「日本的市場小，深為競爭所苦也是無可奈何之事。地球那麼大，乾脆前往國外發展算了……」

這個構想竟然在和田先生的眼前打開了一條康莊大道。

結果，此一構想成功地讓八百半起死回生，而建立現在「八百半百貨公司」的基礎。另外，一九六六年八月，和田一夫先生的父親罹患胃癌而住院。此時，和田先生和母親也藉由「神想觀」祈禱父親能夠痊癒，果然，父親的胃癌細胞消失得無影無蹤。

說不可思議，真的是不可思議。但是，強烈的信仰有時真的會引起這種奇蹟。

四、支配你命運的是你自己

各位喜歡看青少棒比賽嗎？不管喜不喜歡，多半也聽過ＰＬ學園吧！這所學校人才輩出，如今代表棒球界的巨人隊投手桑田、西野隊的清原選手，都是PL學園培養出來的。ＰＬ學園的選手在陷入危機，或面臨情勢逆轉的時機時，手一定會撫摸制服的胸部部分。

有一種說法指出，制服的胸部部分縫著ＰＬ教團的護身符。

在此，筆者並不想談論宗教的素質問題，只想要更深入地探討宗教的本質。

為什麼ＰＬ學園能夠數次使戰局宛如奇蹟般地逆轉過來呢？

這個謎團，隱藏在護身符之中。

所謂護身符，是將「信仰」這種抽象化的概念予以具體化的物體。若能將信仰具體化，在意志即將動搖時，或忘記原有的信仰時，只要碰觸該物體，隨時都可以把信仰喚回來。護身符的功能像似容器，可將具有強大力量之「信念」貯存起來。

這個道理適用在任何宗教上。可是，解決問題的還是自己。所謂宗教，是把人的潛在能力引導出來的媒介。以生物體來講，類似酵素的作用。

因此，不可受到宗教所支配，最佳主角還是自己。

經常在心中念誦：「我無所不能！凡事都有可能完成！」

若能如此，就能夠透過你的信仰，形成與神的聯絡口，而大宇宙之神的能量，就會流入你的體內。

希望你記住：只要相信，不斷地念誦，願望一定可以實現。

而且，支配命運的是你自己！

〔附錄〕

好文細品味——

1.（Unimpressed）（Oh Hey）

有人問余光中：

李敖天天找你碴，你從不回應，這是為什麼？

余沉吟片刻，

答：天天罵我，

說明他生活中不能沒有我；

而我不搭理，

證明我的生活中可以沒有他。

2.（Bored）（Confounded）

有人問畢卡索：

你的畫，

怎麼看不懂啊？

畢卡索說：

聽過鳥叫嗎？聽過。

好聽嗎？好聽。

你聽得懂嗎？

3.（bored）

被恨的人沒有痛苦，
恨人的人卻終將遍體鱗傷。
所以，絕不去恨人。

4.（wimpering）

緣分是本書，
翻得不經意會錯過，
讀得太認真會流淚。

5.（argument）

不同傻子爭辯，
否則就搞不清誰是傻子了。

6.（bronze medal）（silver medal）
（gold medal）（brain explosion）

學歷是銅牌，
能力是銀牌，
人脈是金牌，
思維是王牌。

7.（brain）

成功的人不是贏在起點，
而是贏在轉折點。

8.（currency exchange）（euro money）

錢有兩種：

花掉的是錢，是財產；

沒花掉的是紙，是遺產。

9.（Girl Selfie）

長得那麼美那麼帥氣，

自己卻不知道，

這就是氣質；

那麼有錢那麼有才華，

別人卻不知道，

這就是修養。

10.（mad）（sick）

把脾氣拿出來，

那叫本能；

把脾氣壓下去，

那叫本事。

11.（lifting）（#1 cup）

簡單的事重複做，

你就是專家；

重複的事用心做，

你就是贏家。

12.（high five）（pinkyswear）

人之所以會心累，
就是常常徘徊在堅持和放棄之間，
舉棋不定。

13.（cuddle heart（him））

有時候，雖然能想明白，
但心還是接受不了。

14.（hug）

一個人最幸福的時刻，
就是找對了人，
他包容你的不足，
並愛著你的一切。

15.（flirty face）

心結如果真的打不開，
你就給它繫成個花樣，
其實生活就是這樣。

16.（Pope）（Detective）

誰走進你的生命，
是由命運決定；
誰停留在你生命中，
卻是由你自己決定。

17.（Bored 2）（Bindi Girl）（Hare Krishna）

不解釋的，才叫從容。
不執著的，才叫看破。
不完美的，才叫人生。

18.（Suspicious Face）（Smile）

有一天你會明白，
善良比聰明更難。
聰明是一種天賦，
而善良是一種選擇。

19.（Third World Problems）（Asian Girl Pose 3）

讓你難過的事情，有一天，
你一定能笑著說出來。

20.（grandma）（grandpa）

我羨慕的不是如膠似漆的情侶，
而是攙扶到老的夫婦。

21.（peace house）

不埋怨誰，
不嘲笑誰，
也不羨慕誰，
陽光下燦爛，
風雨中奔跑，
做自己的夢，
走自己的路。
改變自己人生的人永遠是自己。

哈佛大學推薦20個快樂的習慣——

1. Be grateful，

要學會感恩。

2. Choose your friends wisely，

明智的選擇自己的朋友。

3. Cultivate compassion，

培養同情心。

4. Keep learning，

不斷學習。

5. Become a problem solver，

學會解決問題。

6. Do what you love，

做你想做的事情。

7. Live in the present，

活在當下。

8. Laugh often，

要經常笑。

9. Practice forgiveness，

學會原諒。

10. Say thanks often，

要經常說謝謝。

11. Create deeper connections，

學會深交。

12. Keep your agreement，

守承諾。

13. Meditate，
冥想。
14. Focus on what you're doing，
關注你在做的事情。
15. Be optimistic，
要樂觀。
16. Love unconditionally，
無條件的愛。
17. Don't give up，
不要放棄。
18. Do your best and then let go，
做最好的自己，然後放手。
19. Take care of yourself，
好好照顧自己。
20. Give back，
學會給予。

言簡意賅，好棒的莫言！

諾貝爾文學獎得主——莫言，解釋關於《我》字，

有一天《我》字丟了一撇成了《找》字，為找回那一撇《我》問了很多人，那一撇代表什麼？

商人說是金錢，

政客說是權力，

明星說是名氣，

軍人說是榮譽，

學生說是分數……

最後，生活告訴我，那一撇是『健康和快樂』沒有它們，什麼都是浮雲！

莫言，自嘲說：他年輕時怕多言，易於開罪別人，所以筆名《莫言》。

結果是，他言（寫）了許多的話，一直言到拿諾貝爾文學獎，
下面是他的話，也是他的人生哲理：

1. 我敬佩兩種人：
年輕——陪男人過苦日子的女人，
富時——陪女人過好日子的男人，

2. 我遠離兩種人：
遇到好事就伸手的人，
碰到難處就躲閃的人，

3. 我掛念兩種人：
相濡以沫的愛人，
肝膽相照的朋友，

4. 我謝絕兩種人：
做事不道義的人，
處事無誠意的人，

5. 我負責兩種人：
生我的人，
我生的人，

6. 我珍惜兩種人：
肯開口規勸我的人，
會真心牽掛我的人，

莫言，這篇簡約的話，講到人心坎裡頭去，真不愧是諾貝爾獎得主！

達賴喇嘛的經典對話——

【一問】：

失去的東西，有必要去追討嗎？

達賴說：「失去的東西，其實從未曾真正地屬於你，不必惋惜，更不必追討。」

【二問】：

生活太累，如何輕鬆？

達賴說：「生活太累，一小半源於生存，一小半源於欲望與攀比。」

【三問】：

昨天與今天，我們該如何把握？

達賴說：「不要讓太多昨天佔據你的今天。」

【四問】：

如何對自己，對他人？

達賴說：「對自己好點，因為一輩子不長；對身邊的人好點，因為下輩子不一定能遇見。」

【五問】：

您如何詮釋禮貌？

達賴說：「對不起是一種真誠，沒關係是一種風度。如果你付出了真誠，卻得不到風度，那只能說明對方的無知與粗俗。」

【六問】：

我們如何確定自己的目標？

達賴說：「如果你知道去哪，全世界都會為你讓路。」

【七問】：

怎樣平衡快樂與悲傷？

達賴說：「一個人只有一個心臟，卻有兩個心房。一個住著快樂，一個住著悲傷，不要笑得太大聲，不然，會吵醒旁邊的悲傷。」

【八問】：

我們怎樣做才叫「腳踏實地」？

達賴說：「只要你的腳還在地面上，就別把自己看得太輕；只要你還生活在地球上，就別把自己看得太大。」

【九問】：

有人說愛情會因為時間而沖淡，您認為呢？

達賴說：「愛情，使人忘記時間，時間，也使人忘記愛情。」

【十問】：

兩個相愛的人不能在一起，怎麼辦？

達賴說：「不能在一起就不能在一起吧！其實一輩子也沒那麼長。」

*您認為快樂的，就去尋找。
*您認為值得的，就去守候。
*您認為幸福的，就去珍惜。

・依心而行，無憾今生。
・人生一條路：走自己的路。
・人生二件寶：身體好、心情好。

〈全書終〉

國家圖書館出版品預行編目資料

信念的力量／于珊著 -- 初版-- 新北市：
新潮社文化事業有限公司，2022.08
面；　公分
ISBN 978-986-316-838-6（平裝）
1. CST：成功法

177.2　　111007861

信念的力量

作　者　于珊
主　編　林郁
企　劃　天蠍座文創製作
出　版　新潮社文化事業有限公司
電話 02-8666-5711
傳真 02-8666-5833
E-mail：service@xcsbook.com.tw

印前作業　菩薩蠻、東豪印刷事業有限公司
印刷作業　福霖印刷企業有限公司

總 經 銷　創智文化有限公司
新北市土城區忠承路 89 號 6F（永寧科技園區）
電話 02-2268-3489
傳真 02-2269-6560

初　版　2022 年 08 月